Mubabinge BILOLO

TULESHI KAPYA NE DIANGA MU CIKAM

MiShi ya ciKam mu Cyena Ntu

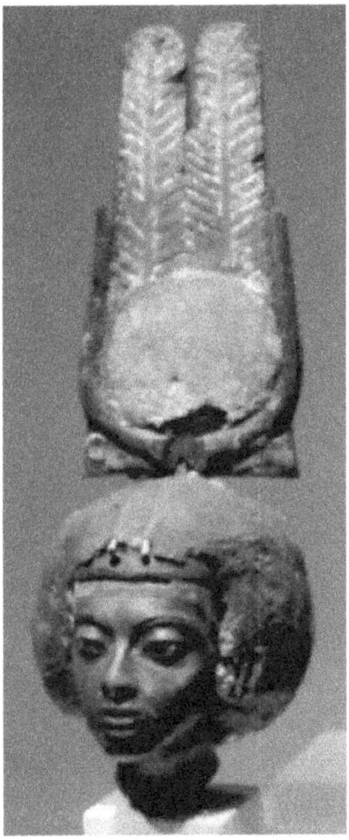

Mwadi a CiBanza: Teye / Teyi / Teya

Ku bidimu: -1398-1338 kumpala CBR = ku kadi bid. 3396

Tu-Leshi Kapya anyi Dyanga :

Mulongo I:

Mulongu II:

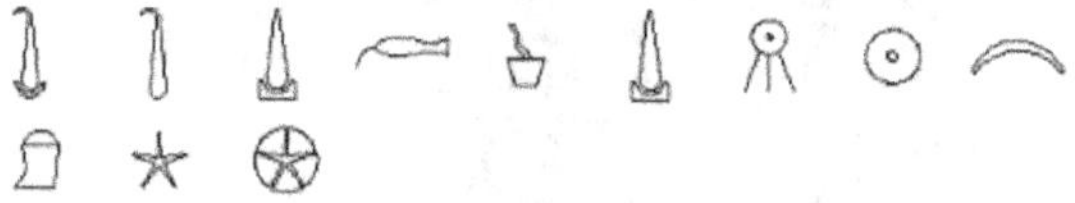

MuLongu III:

CiSubu: Maw Teye, Mwadi a CiBanza, Nina Anga-nTangu (1398-118) ne mbayende mFumu Amun-KaTapa, nKonga-ciBanza (1390-1353). Cinfwanyi cya mu „Charles Edwin Wilbour Fund“. Cyangacila mu mabeshi a ANKH, 6-7 (1997-1998), dib. 138. Bimfwanyi bionso biteka pa cyata cimwe kudi Afrobook.

DiBeshi 2: Teye mu „Ägyptisches Museum Berlin“. Cinfwani cikwata kudi: Falkue. http://de.wikipedia.org/wiki/Bild:Teje.jpg anyi http://upload.wikimedia.org/wikipedia/en/thumb/f/ff/Teje.jpg/240px-Teje.jpg

CiLongelu-ciKebi cya Malw a ciLwalwa mu Afuluka
Diop-CiBambalu cya Madu a BaKam-ba-Kale
&
CiFufu cya Ngenyi ya MuFika
XII, 1

MUBABINGE BILOLO
Mulongeshi-Mukebi mu CiBambalu cya MaDu a BaKam-ba-Kale

TULESHI KAPYA NE DYANGA MU CIKAM

MiShi ya ciKam mu Cyena Ntu

Mikanda ya nKonga-Madu ya Afuluka
African University Studies
MUNICH-KINSHASA-PARIS

CIP - Titelaufnahme der Deutschen Bibliothek
Bilolo, Mubabinge:
Tuleshi Kapya ne Dyanga mu ciKam: Mishi ya ciKam mu Cyena Ntu
(Academy of African Thought & African Institute for Future Studies –Dept.: Diop-Center for Egyptology; Sect. XII, Vol. 1)
Munich, Freising, Kinshasa: African University Studies, 2008
ISBN 978-3-931169-04-6

Typeset at AUS-PUA, Germany
Afrobook, Bahnweg 9b, D-85417 Marzling / Germany
afrobook@yahoo.de

ISBN 978-3-931169-04-6

0.
TWASAKIDILA

Kadiosha ka Milongu eyi katu kapatuke mu cikosu ne dina edi *Di-Shikula dia ciLuba mu ciKam. Cileshelu : « Kapia",* mu mukanda wa shushukulu Mutombo-Mwana (mul.), *Tuya tooo, Twimana ... Nkongamifundu mulubwila Ngandu-Nkashama wa Kalonji, Ngooyamwakulu* (Louvain-la-Neuve, Panubule, 2007, dib. 25-48). Yidi mu nshila wa mifundu ya bashushukulu Nsapo Kalamba: *Benga DidiPotesha*[1] ne ya Lumbala Kabasele waku Kabwe, *Ndi Muluba*[2].

Kakwena kalasa kadi kalongesha malu atudi tukeba kushukula aa to anyi kalonda nshila utudi babange diso(lo)la anyi disulakasha ewu to. Bidi bwalu bwimpe, bumutudi babange busola ebu bwa ciKam ne ciLuba mu mukwalu wetu wa ku cisa cinene cya Cyenantu. Ne tupingane mu mabeshi adi kumpala eku pa mfundilu udi umbusha "J" (-ji, -ja, -jo, -ju) ne utamba kwangata "Sh" anyi "Z". Dileta dya "J" kadiena mu ciKam-wa-Kale to.

Bipeta byetu ne babilongololе kudi bana ne kudi bakole, kudi balume ne kudi bakashi, badi bamanya ci-/ki-Luba. Nanga nanga aba balonga ciLuba-cisanga cya Tshikapa, Kasayi, Luluwa, Lubilashi, Lomami, Lwalaba, Tanganyika, Zambi, Malawi, Angola, Tanzani, Uganda, a.n. Mbwena kwamba ne, mubadi wa mukanda ewu ikala ne dibeshi mu cyanza bwa

---

[1] KALAMBA NSAPO, *Fatigué d'être Africain! Benga DidiPotesha*, Munich-Kinshasa, Publications Universitaires Africaines, 2007.

[2] KABASELE-LUMBALA, *Ndi Muluba*, Louvain-la-Neuve, Panubula, 2004.

kufunda myaku anyi mena adi amulwila mu mutu. BaKulu bambile se: *Kunda ya bangi ya kaboba ne mata.* Nenku *DiTobola dya ciKame mu ciLuba* anyi dya ciLuba mu ciKam ne diboba ne mata-a-bangi.

0.1. Cituyile ku malonga ncinyi?

Katwakadi balonga bwa kwenzela tunkalabwa mudimu to. Katwena balela bwa kwikala tubafundila mikanda mu myakulu yabu to. Katwena baswe kabidi kupicisha diba bwa kufundila bakwabu malu adi bena kwetu kabayi mwa kubala to. Tudi tuya tushandwila benyi ne balwishi wetu mmwenenu ne bietu bienzedi bwa bamone mwa kutumuna ne mwa kutwa matunga etu ku makasa. CiLela eci, mbimpe cishike.

Kufunda mu mfwalanse anyi mu cyangeleshi, nku dienza mupika wabo, nkubenga kufundila ne kusadila bena kwetu. Malu a mu bwetu Bwadi, a mu wetu nKwembe, nyawu tuya tu asumbisha, tu atandula, tu alongesha Cinyangu-Cinene, bwa kupeta tubeshibeshi katuyi mushinga, katuyi twa kushila Muntu, batubikila ne : “Diplome”. Muntu ufwa dilwa cibeshibeshi, dilwa dibeshi dya cyanana.

Yetu myaba itudi basokomene, idi *mbonga-ya-ngenyi* yetu, tuyaya tu ilesha balwishi. Bietu biuma bya mu ditunga, ba biangata cyanana. Yetu ngenyi, bayipawula cyanana. Benda baditambisha ne ngenyi yetu, ne biuma bya buloba bwetu; baditambisha kabidi ne mashi ne myadi ya bana ne bamamu.

Tulekela Bena-Cinyangu, ba Makela-Mafiofi, badi Kalamba Nsapo ubikila ne : “batwa ndondo ne dishima”, batungunuka ne dipepesha betu Bankabwa, bapepesha Nkole wa CiLonda, nKole-CiTapa, nKole-Mwana, bapepesha Nkongolo-ka-Mukanda (u) ne Muyembi, bapepesha Ilunga Mbidi ne Mwata-Cilunga. Twitaba bwa bapepesha too ne Sha-Ntu, Mawesha-

Nangila, Kakafuka.

Bikondu bya nenku, Mwana-Ntu Kaluka mFwadi udi udiela lusanzu elu ku Kala-Kakomba ka Mawesha :

Katwena tufwila Bana, katwena tufwila BaMamu,
Katwena tufwila BiUma, katwena tufwila BuLoba,
Katwena tufwila BuLelela, kwatwena tufwila Kanemu,
Katwena tufwila DiPepesha dya BaNyinka,
Katwena tufwila Dipotela dya wetu Mutufuki, dya Mawesha-Cyama,
Kadi citudi byetu mwa kufwila pa BuLoba apa ncinyi?
Citudi byetu mwa kusungila pa BuLoba apa ncinyi?
Tudi balwe kukeba cinyi?

Padi Ntoka-wa-Cinyangu umona ngenzelu ewu, udi utwa cyanga, wamba ne: Aba ke mmashi a Bena-BuKama wa Kale to. Bwalu bu bobo balwila ku Bena-Mpata ya Lwalaba-wa-Manda (=Nyile, Nyolu), bakadi bipata Ntoka-wa-Cinyangu too ne ku bwenda bwina, basa bimana binene, bateka basalayi ku mikalu bwa se mwibi ne mwena cinyangu kabwedi mu mPata-ya-Nyile, -ya-Kongo anyi Lwalaba to. Cinyangu kavwa mwa kutwa makasa mu Buloba bwa Kasayi ne Katanga to, kakadi mwa kunwa mayi a Kwango, a Tanganyika anyi a Lomami to.

0.2. Citulwile panu

Meme muKebi, ndi Kasuyi, ndi Cilonda
Meme ndi Cibondu-cya-Bishimba,
Ndi CiLowa-cya-LuPemba, Mukalenga wa KaLolo,
Mulela ne bushitu ebu ku CiLunga
DiKonga nga kashila CiKomu Maa-Ngole
Ntu Mukaleng-a-ku-Diba, Mukaleng-a-Diiyi
Mukaleng-a-Lupemba, Wa ku Mayi-Matoka-Pemba
Mulela bwa kufwila Bulelela ne CyAkanyi,

Ntu Nkole-Mwan-a-Mawesha
Musadidi wa Moyo wa Bana-ba-Bende ba Mawesha
Cyena mwa kwitaba dipota dya Ntoka-ya-Lulengu bwala.
Citu nkukwila kanYawu, ba Mfidi-ba-Cinyangu to.
Pa ngafwa nenya kwetu, ne nya ku Kala-Kakomba,
Ku BuLoba bwa Mawesha ne Banyinka
Ntu mwanabu ne Mikombu wa Kalowa,
mutuma bwa ku boza mitu ya Ntoka,
mulwe kutela mishiku ya Makela Mafiofi.
Ndi ndomba DiTunga luse,
Ndomba luse kudi Nkole-CiTapa,
Bwalu ntu mulekele Bana-Ntu,
Mu bianza bya Cinyangu.
Mulekele Makela Mafiofi,
matwa ndondu ne diShima,
Enda ashima bana ne ba mamu.
Lelu, Cikondu cya kumbanyi,
Cya dikanda ne dibutula Dishima,
Cya kwela LuBila bwa kwambila Bantu,
Bafika dimanyayi, CiKam mMwakulu wenu,
MwaKulu wa ba Nyinka,
Wakelabu nawu Lusanzu, ku Nsang-a-Lubangu.
Madu a BaKam-ba-Kale, BaKamba-Kale,
mMadu-a-Ndelu yetu.

Kadi dikanda ne dibutula dishima ne cinyangu, bidi ne bulanda kayi ne disolola dia busola bwa myakulu, bwa CiKam ne CiLuba?

0.3. Tulasa tudi mu bianza bya Batwa-Ndondo-ne-Dishima

Bwa kumvwa bulanda ebu, mbimpe kubala milongu eyi ya Kalamba Nsapu:

> “Kacya ngenda civwa mumanye ne binkalabwe bitu bitwa ndondo ne dishima. Civwa mumanye ne bobo ke bena mupongo. Bakapongola ba Kame balume ne bakashi. Ndi mfila cileshelu, bu mwakambabu kwetu ne cidikishilu ngwa ba bwalu, bwalu kabuyi ne cidikishilu kabutu bwashema. Munkaci mwa bikondo bivule, binkalabwe mbitulongesha ne kemet (*kmt*) mbuloba bufike. Cilumbu cidi mwaba eu ncya kubenga kwitaba ne kemet mmusoko wa bantu bafike batu baluke ne bafimba ngenyi yonso ya bumuntu bwine bukadi bamwe bende batunka nabo. Bobo mbalubalela mishindu yonso. Mba kela katwe. Udi ne mpata aya kudimwena ngashilu wa pyramida ne bikwabo mu musoko wa Soudan, wa Kemet, mu Nigeria ne ku nseka ya Tchad-Mali-Libye. Kacya batwela mvita kudi batoke, mbashintulula maalu onso aa mu mfundilu wabo bwa kulesha ne mufike katu mwesa cintu pa buloba.“[3]

Bwa Makela-Mafiofi, BaKame ke mBafike to, bakadi ba Ntoka. Ke cidi Kalamba Nsapo ulonda mu cikosu mu milongu eyi:

> „Kacya J.-F. Champollion washadika byende bulelela bwa bunkame bwetu, bana babo kabena baswe kumvwa diyi edi to. Bamwe bakaswa kulonda nshila mulelela munkaci mwa masambakanyi a ku Caire (1974) bakashintulula ciluba cyabo. Ke cidi cilesha ne tudi mu mvita ya lwayi tukamone. Binkalabwe mbiswa kulesha ne muntu mufike katu mwesa cintu, katu mufuka ngenyi anyi mupatula bwalu bwa nsongo. Bidi mu musoko wa bakame mbya batoke. Cikam

---

3 KALAMBA NSAPO, *Kame n'kasankidi nkanu ya bende, anu yende mifulebu*, mu: Mutombo-Mwana (mul.), *Tuya tooo, Twimana ... Nkongamifundu mulubwila Ngandu-Nkashama wa Kalonji, Ngooyamwakulu*, Louvain-la-Neuve, Panubule, 2007, dib. 49.

ke mwakulu wa bafike to.»[4]

Kadi bu mudi dishima edi, dilwa „bulelela“, dilwa „dimanya“, dilwa „science rigoureuse“ (dimanya dishadika), ku bukole bwa cingoma cya Cinyangu, balongi bonso badi bambulula divila Bufike, divila BuKame bwa Bena Ditunga diKama. Badi ne cya bwa kufila BuFika bwa baKame ba BuKam-wa-Kale.

Tuvuluka ne DiFika, Difîka ne DiKama bidi ne tunungu tumwe: dikala difiike[5], difika ku ndekelu (kamisha, kamuka, kama), dipwangana, dikoma. Katupu moyo bufike bwa “dikama, difiku” anyi difika munda bu “kama bwalu” to. Muntu mu kama bwalu, pikalaye ne dikama anyi cikamakama udi ufika ku dikima.

Nansha bamba ne *-Fiika* mmulanda wa *–Fuka*, katwakupwa moyo ne DiKama nDienza, nDifuka, nDiKuma, nDiKoma to. DiFiika, mmwanda wa diKema, wa ciKemu. Mwakulu wa Binkalabwa kayi utudi mwa kunaya ne *KM* anyi *T-KM* < *KM.T* nenku? Ntu ne cibidilu cya kutela BuKama, Kama-Londu, Kamina, Kamonya, LuKama, kadi batwambidi ne misoku ya bungi ku Mbushi-Mayi batu bayibikila ne: CiKama. Kalasa ka Nkindi ku Mbishi-Mayi katu kasa mu CiKama. Mbwena kwamba ne BuKam, CiKam, Kam, ndina a misoku yetu ya bungi too ne lelu.

Ke mbatulela bwa kulongesha batupepeshi anyi bwa kubenzela mudimu to. Ke mbatulela bwa kulekela Ntoka yenda ishima bwa kusuma Bana-Ntu to. Mbatulela bwa kulonga, kulongesha ne kusungila Bana-ba-MuFika, BaKama ne BaKoma. Katwena bamba se cinKalabwa anyi mPutu kalongi myakulu yetu to, kabadi mikanda yetu to ne kayandamunyi to. Kadi pambaye

---

[4] KALAMBA NSAPO, mil. Mit., dib. 51.

[5] Cileshelu mayi mafike anyi mwenshi mufike wa Lwalaba udi “Kama-londo”.

kubanga kulonga bintu ebi ne kubiandamuna, bena kwetu ne bikale baya kule ne nebashale bakulu bende mu ngumvwilu wa myanda eyi. Mamanya aa adi bwa bukwa bantu bonso. Mbimpe bamanya bulelela ne bapatuka mu midima ya dishima, babenge mikishi ya mputu, ya mayi-a-cyepwepu. Kadi mu ditangalasha bipeta bya makeba etu, tudi tubangisha ne myakulu ya Afuluka, ya BaFika, ya BaKam.

Bana ba mu tulasa tupwekele ne bena musoku ne bapeta mamanya, mashindame ne mashalame, adi akengedibwa, bwa Bafike balekela didipotesha kudi batwa ndondo ne dishima, batabala, bangata kabidi mutu wa dilombola bukwa matunga ne bukwa bisamba. Bubanshi buci-lwalwa, bumfumu buci-lwalwa, bulongolodi buci-lwalwa budi ne cya bwa kwikala mu byanza bya BaFike.

0.4. Mutuma kudi DiTunga

Katutu badiyile ku diSomba, ku diTa, ku Mputu, tutu batuma kudi Ditunga: kudi Cilobu cyetu Malula bwa Kinshasa ne Kongo, kudi musadidi wa Mawesha-a-Cyama: Bakole wa Ilunga bwa Kasayi Musanga, kudi musadidi wa Onya-Shongo: Yungu-Tshiumbe mu dina dya Bepiskopu ba Kongo mushima, batwa mu mikole kudi Nyeme Tese, Ngindu Mushete ne Ntedika Nkonde.

Mufucila ndeke kudi Bakole wa Ilunga, mwambwila mabuki kudi Ngalula wa Mubwabwa ne Malu Tshikula, muya nende kucipalu kudi Malumba Mbangula ne shushukulu Lumu, mu benesha kudi bena dingumba dyetu papa Bolamba Mufundi, Mukenge Ndibu, Mwamba Bapuwa, Bimwenyi Kweshi, Dikonda wa Lumanyisha; musungila ku mashika kudi Basekele, mupa makuta a ku diambulwisha nao mu mbangilu kudi Bujo Ebenezer, ntu Cilembi mutuma kudi Ditunga-dya-Kongo disanga.

Tudi twela bana betu aba twasakidila bwalu badi batwambulwishe mu dikeba myaku. Batulombi kabidi se katupicishi diba to, bwalu katwena bamanye dituku dia tukwata lufu. Mbimpe kupatula midimu ne bipeta, nansha byobyo ne bilema, babadi ne balwe kubilongolola. Balongolodi badi bangi, kadi bakebi ba malu a CiKam ne Cyenantu, a CiKam ne CiLuba mbakese.

0.5. Batu-Koleshi ku moyo mu bisuku

Badi batulomba bwa kupatula bipeta ne kulesha nshila mulonda badi: Kabongo Kanundowi, Kaluka Nyunyu, Kabasela Lumbala, Mukoma Kambuyi, Mwayila Tshiyembe, Kalamba Nsapo, Mufuta Kabemba, Mufuta Bitupu, Badibanga Djenda, Mutombo-Mwana, Pandu Bendele, Paul Mayonga, Mukadi Kalume, Ngandu Nkashama, Jean C. Gomez, Kitoko LeBel, Salomon Mezepo, Alain Anselin, Théophile Obenga, Mpunga wa Ilunga, Bimwenyi Kweshi ne balongi betu ba mu *Africamaat*.

0.6. Dyela mBula-Matadi wa Kongo twasakidila

Tudi twela shushukulu Tshibangu Tshishiku, Mulombodi wa *Cifingu cya Dikeba-ne-Dikonga-Mamanya pa Malu-a-CiLwalwa*[6] twasakidila, bu mutupesheleye dilombola dya Makeba mu *CiLongelu cya Malu a BuKama wa Kale*[7], mu Nkongamamanya pa Malu-a-CiLwalwa. Mudi tupesha bushitu ebu uvwa mulonde dishinga dya shushukulu Cheikh Anta Diop mu 1986 ku Kinshasa. Shushukulu Tshibangu ne aya ku Kala-Kakomba mu manye Ndongelu ne Ndongeshelu wa ciKam mu

---

[6] *Institut Africain d'Études Prospectives – African Institute for Future Studies*, mu cikosu: INADEP-Kinshasa.

[7] Centre d'Études Égyptologiques Cheikh Anta Diop

bikondu bicilwalwa.

Tudi twela shushukulu Kambayi Bwatshia ne bamulondi mu "*Ministère de l'Enseignement Supérieur et de la Recherche Scientifique et Technologique*"[8] twasakidila bwa dituzanjika kacya ku 1991 mu mudimu wa Mulongeshi-Mukebi wa Malu-a-BuKama-wa-Kale ("Egyptologie"). Nansha mudi malu manji kunyanguka mu Ditunga, ne midimu milwa "musala ya mpunda", twenji civwa mBula-Matadi mutulombe. Kongo ukadi lelu ku matunga a BaKebi banene ba malu a BuKama-wa-Kale ne udi ku mutu kwa bukwa matunga mu ngumvwilu ne dishwukula dya Nkindi, dya Ngenyi ne dya Malu a Sha-Ntu. Lelu tudi babange makeba mapya mapya bwa Afuluka mushima pamwe ne Kongo wetu, afika ku dishuntulula dya ndongeshelu, mbadilu ne ngandamwinu wa Mwakulu ewu wa CiKam anyi BuKam wa Kale. Tudi tukeba kupita Champollion ne kupita aba bonso bavwa balonga ne balongesha mwakulu ewu ku mpala kwetu. Tudi tulesha nshila wa kubapita, bwalu mwakulu ewu mmwakulu wetu, ngwa ku Cyena-Ntu.

0.7. Makeba a lufu

Tudi bamanye ne mwanda ewu mmwanda wa mvita. Bakatwela mvita mikole mitambe, patuvwa tuswa kupeta dyanyisha dia kulongesha nadyo ku Université wa Zurich. Shushukulu Tshibangu Tshishiku, shushukulu Kabongu Kanundowi, shushukulu Mbuyamba Wakujoja ne shushukulu Mbaya ufwile, batu bamanya mwanda awu. Bidimu bitanu bishima, kabayi bafila dyandamuna. Bamba ne: Balayi mikanda ya Bilolo, yonso idi amu pa Bafike. Kakwena nansha mufundu umwe udi kawuyi

[8] Mbikidilu mmushintuluka misangu ya bungi kacya ku 1990. Matuku aa INADEP udi ku "*Ministère de l'Enseignement Supérieur et de la Recherche Scientifique* » .

mutangila Afrika to. Mmwana wa Cheikh Anta Diop, mulongesha kudi Bena-Katolika ba Roma, mubenga ngelelu wa meshi wa twetu bena kudi Diba-Diladila. Bilolo udi mu dikala dyende dishima Mwena-Afrika –"Dr. Bilolo ist durch und durch Afrikaner"-. Kadi Afrika kena ne mwaba mu twetu tulasa to. Pa ka tutondabi (1992-1997), twetu se: nukadi nutupotela, cyena nnulomba kabidi cintu to, pingashayi mikanda yanyi.

Mu 1995, kutetabu bwa kutushipa mu mashinyi ne Jean-Charles Gomez mu dipingana ku miyuki ituvwa baya kwenza ku luseka lwa Nantes anyi Bordeaux. Gomez mungambile ne uvwa mumona balwishi bavwa netu ku Dakar mu nzubu wa bisangilu, meme kumwela mpata. Kadi pakakebabo kupatula mashinyi mu nshila munene pipi ne dibwela mu Paris, ke meme kuvwa kwitabe ne mvita mikole.

Mbwena kwamba ne malu aa ke mmalu a kunaya nao to. Etu matunga kaena alama bawu bakebi. Ke bwalu kayi bantu babungi badi bacina makeba adi mwa kutuma Afrika kumpala. Bwalu badi baswe ne Afuluka kafuluki, katumbi, badi bateta anyi mwa kubakwata ku bupika (= ku bapa tudimu twa macimbu bwa ku biba ngenyi) anyi badi babalwisha.

Bwa makeba kuya kumpala, Ditunga didi ne cya bwa kukuba Bakebi, Makeba ne Bipeta bya makeba. Bakebi ba mbonga, ba ngenda mushinga, bimbi ba misambu bu ba Koffi Olomide ne Tshiala Mwana, mBula-Matadi wa ditunga, badi ne bwa kwambulwisha bakebi ba mamanya ne ba malu mapia-mapia adi mwa kuteka kabidi Afuluka anyi Kongo ku mutu kwa nshila wa panu. Bukole bwa Bena ku Mputu, mbakebi babu, bakebi ba ngenyi ne bakebi ba mamanya.

0.8. DiFunda mu myakulu yetu

Bafike badi bafunda mu myakula ya Binkalabwa mbapika ba Binkalabwa. Bamamwabu ne bana babo kabena bamanye citubu bafunda to. Badi bafundila nganyi? Badi bafundila cinyi?

Binkalabwa kabyena ne mwakulu udi mupita ciLuba ku bunema ne ku malanda to. CiLuba cidi ntaku wa nkama ya myakulu ne ya ngakwilu mu Afuluka. Mutu yonso udi mumanye bimpe mwakulu ewu mmumanye ne mmulwile kule. Nansha mu malu a Mfidi-Mukulu, kakwena cisamba ku Mputu anyi ku Azi (Kw-Acya) didi dimanye malu aa dipita ba nkambwa betu to.

Kakutu Ngenyi-ya-Bena-Fwalanse, ya ba-Doci, ya ba-Angele, kumpala kwa difunda mu mfwalanse, mu cidoci anyi mu ciingeleshi/ci-angelese to. Mbwena kwamba ne: Ngenyi-ya-BaLuba, ya-BaKongo, ya-Bangala, ya-Wolofu, a.n. yidi yenda ne itantata amu mu ditancisha dya miakulu eyi. CiLuba, ciKongo, ciTetela, Kirundi, Zulu, Kikuyu, a.n. nzubu ya mamanya ne ya ngenyi ya ba nkambwa betu. Njila udi bisamba bietu bilonda kacya bia muna diba, udi muzola, mukuba anyi mulamina bimpe kudi myakulu yetu.

Bumudi CiKam mwakulu wa Cisa cya Cyenantu ne wa Diku dya CiLuba-cisanga, Malu a BuKama wa Kale mmalu menza ne mafunda kudi ba nKambwa betu, ba nNyinka. Bikwabo byonso ebi ndishima, ndicimbakasha bantu. Kwamba ne BaKam babungi bakadi bu badi ne mubidi wa luswa, nkwamba ne bakadi bu BaLuba, bu Bakongo, bu BaLokele ne BaZulu anyi BaXhosa.

Bukalenga bwetu ne mwakulu wetu ke mbibange ku bidimu ±1600 bu mudi ba Vansina balongesha to, mbibange ku ba bidimu –4000 kumpala kwa Cinyangu cya Bena-Roma mu

Afrika, kumpala kwa diledibwa dya Yeshua. Myakulu ya Cyenantu, mmifunda kale.

Mukanda ewu ne ba ulonda kudi mikanda mikwabu kunyima pa lukasa, bwa balongi bamone mwa kubanga kutungunuka ne mudimu ewu.

Shushukulu Mubabinge Bilolo
”wa Kaluka mFwadi,
wa Ba Djenda,
Mwimpe CiTelu,
Nyunyi wa Mukanku,
wa ku Mwimba,
wa ku mayi matoka mpemba
Mukakala wa Kuyuka”

I.
DiPa dia muCima anyi dia nKole

1.1. Mbangilu wanyi wa diLonga Malu-a-BuKam: 1973-1978

Nakadilongela Nkindi ya anyi Malu a BaKam ku 1973-78 ku Kabwe, Lubumbashi ne Kinshasa. Ndongeshele Kindi eyi mu cidimu 1979 ku Kabwe, Mbushi-Mayi, Kalonda ne Mayidi. Balongi banyi ba cikondu acyo kungambila ne mvwa mulongeshe Mwanda umwe misangu ibidi. Mema kukema ne kubakonka se: *DiLongesha kayi dimvwa mwambulule misangu ibidi?* Bobo ne: *"Malu-a-Mawesh a baKame ne Malu-a-Mawesh a Bantu anyi aBafika a wakadi mulongesha awu, avwa mafwanangane, avwa Malu-amWe".* Mena-a-Bena-Egipitu ne Mena a Bena-kwetu (ciLuba, ciTetela, ciKuba, a.n.) ke avwa bu mashilangana. Pa ngumvwile nanku, meme ku balomba mu diteta bwa se: *"Leshayi bulanda anyi bobumwe bwa Malu-a-Mawesha-wa-Cyama mu Kasayi ne Malu-a-muDilu, a-Diba, a Kakabanga mu Ditunga-dia-Kame wa kale?"*

Bamwe ba ku balongi abo bavwa Kabasele Mukenge (ukadi shushukulu mulongeshi ku Kinshasa), Tshibala wa Tshibwabwa, Kabasele Lumbala (mufwe mu 1992) ne Kalamba Nsapo, ukadi utwambulwisha lelu mu makaba awu. Cine cikondu acio bobo kumpa dina ne: Kindi Ptah-Hotep.

Ptah-Hotep uvwa umwe wa ku bashushukulu bafundi ba

mikanda ya nsombelu ne ndongwelelu wa musoko bakumpala, kukadi bidimu biya bitangila ku binunu bitanu (5000).

Nansha bu muwabo kabayi balongesha Egipitu mu Kalasa, pa kumbusha dimutela bwa kumushiminyina malu mu Bible, nakadilongela malu awu nkayanyi. Kubala mikanda yonso ya Cheikh Anta Diop, ya Drioton, ya Erman, ya Morenz, a.n. ibadi mu nzubu ya mikanda ya Kabwe, Lubumbashi ne Kinshasa.

1.2. Mbangilu wanyi wa diLonga CiKame: 1980

Nakabanga kulonga mwakulu ewu wa CiKam ne wa ciKapita ku bidimu 1980 too ne ku 1986 ku cimenga cia Munik ku Ditunga dia baDoci. Nkavua mu umanye anyi mumanye mwa kuubala ku ba bidimu 1981-1982, kebwalu kayi mvwa mwenze nawu mudimu wa bu shushukulu mu nkindi, mupa babadi mu 1984 ne mu mpeshela cibeshibeshi mu 1985. Mudimu awu uvwa ne mpangilu anyi ne mbikidilu ewu: *Les Cosmo-Théologies Philosophiques de l'Égypte Antique* (Nkindi ya Madwa-Bulanda pankaci pa BuLoba-ne-Mvidi-Mukulu mu CiKam-a-Kale).

Biangacile ku 1981 too ne kucikondo cidi mutu mulwe kutandula bulanda bunene anyi dikala ciBantu dia ciKam, nkupita mvula anyi bidimu 25.

Mbwena kwamba ne, malu adi mu mukanda ewu ne alwa kulonda mu minga mikanda yanyi ya mu ciLuba, adi bu difutu didi lungenyi anyi bongu bufuta mukebi wa kalanda a musenge, udi kayi upungila mu dikeba kushandula anyi kw-andula civwa cikala ku ne cidi cikala ku menemene. Kadi mu buluba bwimpe, njila mupiamupia ewu ke ndifutu dia lungenyi to, nDipa dipa anyi dipêla muLongi kudi muCima-wa-munda anyi kudi Nkulu, kudi ciLume-ciKulu, cya Kulu.

DiTeeta ditwela kudi Nkulu didi: *"Shandula ne shukula bulanda anyi bobumwe bwa myaku ya ciLuba ne myaku ya ciKam. Lesha mudi ciLuba cikale ciKam cipya-cipya".*

Mu cikoso: Ciena mudifikile ku bipeta ebi too. MuUtu, muCima anyi MwOyo wa munda ke utu ulomba bwa kunzulula mesu, ke utu useka dipanga dianyi pamwe ne bumpofu bwanyi.

TuLasa tulonga, tuvua twa dishima ne twa cinshangu-nshangu. Bakadi batupa Nsala wa bu "Dr", bavwa bamanye se Nsala ewu uvua wa "Cishangu-Shangu". Kalasa ka bena ku manda kadi kafila bana, kalesha bana *Musesu wa ku Manda*, Musesu wa luKita, wa nKite. Ndekelu wa Musesu ewu mmiDima, nLufu, nduKite, nkaButu. Ke bwalu kayi "balongi bonso" balongesha ku Mputu, kudi Bena-Mputu anyi balonga malu a binkalabwa, kabena ne bwalu bwimpe nansha bumwe budibo benzela Afrika to. Badi bikala Mivu ya Makela-Mafiofi, ya MbomBo-miKishi, Mivu ya baShangi ne baShanyi. Ke bwalu kayi mBalekela Afuluka ufwa, kabayi bangata mapangidika a kusungila BuloBa ne Moyo to. Mmianzu yabu, nya Balondi-ba-Makela-Mafiofi, Mivu ya KaButu, ya Bena-ku-Manda, ku KaLoba-kaKunze. Mudimu wabo ngwa kwenza bwa se Afuluka kafuluki, kafululuki, afwa, aya mu luKita, alwe CiSenga (*Ḫ3s.t*)-ciKunza (*h̲s3y*.t = *ti-h̲s3*), kayi maayi kayi moyi.

1.3. CiLeshelu cia MuYuki wa muCima ne Meeshi

Konko itu mutu, mucima anyi moyo[9] utamba kwela itu nenku:

MuCima:	Mwaku ewu, cileshelu "feu", "Feuer", "fire" ... utu u-ubikila munyi mu ciLuba?
Meme se:	*Kapya, Kapye* anyi *mu-Dilu, ka-Dilu*
MuCima:	Cintu eci , badi bacimona badi bacibikila munyi? Gardiner udi ucibikila ne: "potter's kiln", Lefebre "four de potier", banga ne "pierre de foyer", "réchaud", a.n. Kadi mu ciLuba utu ubikila cintu eci munyi ?
Meme se:	*-Tua, -Tuwa, -Ṯwa* anyi *Čua* (> *di-Tua, di-Tuwa; di-Ṯua anyi di-Ciwa*) kadi cidi mwa kwikala kabidi: *-oTa, -Ota* (>*Ci-oTa, cyOta;* KoOta).
MuCima:	Mu mikanda ya diLongesha-ciKam, badi bafundulula mwaku ewu  mushindu kayi?
Meme se:	*T3* pamwe ne *Št3* anyi *Ḫt.*
MuCima:	Kadi mu udi too ne lelu kuyi mwanji kutandula ne : *-Tua* anyi *oTa* ne *T3* anyi *Ta* mfundilu ibidi ya mwaku umwe munyi?

[9] Moyo batu kabidi baubikila ne : « muCima ». Mutu udi uyukila ne Moyo anyi ne muCima wa munda. Mukebi udi ukonka lukunukunu anyi lutecima pamwe ne lukebu bwa lumuvulwije mena mapwe anyi myaku mipwa moyo. Tufuluka se kutu "muCima/Tima wa Dibwe". Pashishe "muCima" udi dina dikwabo dia "Bwongu / Bongo".

Panga apa miaku idi imweka bu kayena ne bulanda, udi umona dinga dituku, muCima ukwambila ne : « mwaku awu mba ufunde bibi anyi badi baubala bibi. Keba dishukula anyi difundulula dia mufundu onso, kushiyi mufundu nansha umwe to, ne umona bipeta bia patuka ».

1.4. Batu ba-tu-Twisha mu miKolo

1.4.1. Ku ba 1990, *shushukulu Mukoma Kambuyi,* mulombodi wa Bena Yezu ba katolika mu Dotternhausen, uvwa mu ndombe bwa kwenzela bana ba mu cilongelu cipwekele cia Bafike Dimanyayi ne Bana ba Tulasa tupwekele mu Kasayi, kadiosha ka bipeta bia makeba etu pa Nkindi ne Mifundu ya BaKame ba Kale, badibo babikila ne: Bena-Egipitu-wa-Kale, wa pankaci pa bidimu -4000 ne –33 kumpala kwa MuFinu ne KaButu kabwesha kudi Bena-Roma ne Bena-Yezu. Bobo bine batudi tubikila lelu ne Bena-Egipitu –tulonda mbikidilu wa ba Keleke – bawa badibikila ne: **BaKame** anyi **Bena-BuKama**.

Mvwa mwenze kadiosha, kavwa Mukoma Kambuyi mu ndombe, bu ciNkalabwa, ciyi mmona bwena diku bwa ciLuba ne ciKame to. Ngandamwinu bu DiTunga-dia-Kam anyi dia BuKam kayi nansha umfila ku divuluka mena bu: *BuKama, CiKama, DiKama, luKama, BaKama, Kama, nKama, Kamina, Kama-Londu,* a.n. to.

1.4.2. Kadi Mutu, muCima anyi ciVulukilu, luKunuKunu anyi **luTèècìmà,** kaw-/kaci-/kalw-ena nkaya to, Mukoma Kambuyi kavwa nkayende to, mukalenge *shushukulu Kabongo Kanundowi,* mu dilongolola dia dipatula dibidi dia mukanda wa *Ngumvwilu wa Bumfumu wa Bantu,* mulonda kudi Baluba : *Bumfumu ne Bulongolodi,* ufikile ku bipeta ebi :

§ 1. Mu mfundilu wa ciLuba, mbimpe kumbusha dileta dia

ndekelua nyi kakomi. Bwalu bantu kabatu batamba kudijukula to. Badi babamba : Kabong, Mubabing, Malul, Mulel, Mwamb, Mwanz, Lum, Rum, Lund, Mawesh anyi Mawej, etc.

Kadi, miaba idi dileta dia ndekelu dishintulula ngumvwilu, didi dishala[10]. Cileshelu: *bu-Fuk-**U**, bu-Fuk-**E**, bu-Fuk-A, bu-Fuk-**I***. Myaku eyi kayena imvuija mwanda umwe to.

§ 2. Ke bimpe kufunda ne tunungu (« accents ») to. Bwalu kufunda ne tunungu, nkulongesha mbikidilu anyi ngakwilu wa bitupa anyi misoko mikese, ke nkulongesha ciLuba to. Mbimpe kufunda kamuyi tunungu bwa muntu yonso abale bilondeshela tunungu twa citupa ciabo, twa mu musoku wabo.

§ 3. Bwa kutandula malanda mu miakulu ya ba Bantu anyi ya mu Afuluka, mbimpe kufunda kakuyi maleta mashukuka anyi malubidila to : *i/y, u/w, e, o, a*. Amu miaba idi maeata asatu aa : *i, u* ne *a* mikala malamata ntaku wa mwaku. Dilamata edi didi ditadika pa kufwanyikisha mbikidilu wa ciLuba cisanga.

1.4.3. Mu dikeba ne divuluka dia mena anyi dia miaku mingi itu mikale mena a bwalu, cintu anyi mwanda umwe, mba ngambulwishe kabidi kudi betu aba: *Kabongo Kanundowi, Kaluka Nyunyi, Badibanga Djenda, Mukoma Kambuyi, Kalamba Nsapo, Mufuta Bitupu, Mutombu Lumpungu, Kabasela Lumbala, Tshibangu Kazambu* ne *Panu Bendele*.

1.5. Bitu bi-tu-Twisha mu miKolo

1.5.1. Ku BunTanda anyi Ntanda (Internet), tudi benza mudimu ne *Nkonga Myaku wa Lutandala* wa shushukulu Kabuta ne *Cilongelu cia Nkonga-Mamanya* anyi *Mpwilamambu cia*

---

[10] Mwanda ewu BaKame ba kale bavwa baumanye. Mufundilu yabo, mbafundulule panga apa maleta bu W, *3* (A), ᶜ/ᶜ (a,e), *i/y*

Mbuzi[11]*-Mayi*: http://www.ciyem.ugent.be/ Ndi ngela bana betu aba ba mu *Cikèbulwidi cyà pa Yètù Myakulu* (anyì CIYÈM) ne ba *Mpwìlàmàmbù wa Mbùjimâyi,* kalubandi bwa mudimu ewu. Mmu ngambulwishe bikole. Kunyima kwa mvula mipite bungi (1979-2008) itudi basombela ku mPutu, divuluka dia myaku mikwabo ditu dikadi ne lutatu lwa bungi.

1.5.2. Ku mikanda, cibungu cia *Nkonga Myaku ya CiLuba,* cipatula kudi De Clercq mu 1960 ne cyela pa BunTanda anyi pa Lutandalala, nci twambuluishe pacyo bikole. Cidi ne myaku ya bungi yalwa kwambuluisha batungunuka ne mudimu ewu: http://www.cbold.ddl.ish-lyon.cnrs.fr/CBOLD_Lexicons /Tshiluba. ClercqWillems1960/ Non-distributed_files/ Tshiluba.msw/Tshiluba.Clercq1960.46-75.msw

1.5.3. Bwa minga miaku, midimu ya ba mamu ba-shushukulu *Nzuji Madiya* ne *Mpunga wa Ilunga* pamwe ne malongesha a mufwe wetu *Kadima-Kamuleta* ne a mulongeshi *Mufuta Kabemba* mbitwabuluishe bikole be. Cyena mpwa moyo kakanda kasheme ka *Nzongola*[12] ne mikanda ya mu ciLuba ya *Kabasela Lumbula* to.

Mudimu ngwa kwela nao *Ngandu Nkashama*, Mwenya wa CiLuba, ka lubandi bwa midimu yende idiye mwenza bwa kutumbisha, kunangamika ne kulama meeyi ne mifundu ya Mwana-a-MuFike.

---

[11] Katwena ne Ji mu ciKam to. Ndi mufunda ZI, bwa mukebi atangile miaku bu *Bś* (*Bz*) anyi *bḥs* (uH/uU: BuHus > BuUzi, mBushi). Pa kwangata *ḥ* bu ka- , *bḥs* udi wenza: kabushi, kaBuzi > kaBuji. Mu ciKam *bḥs* udi bu „kana ka ngomba“, „kangomba“. Nsha *bḥs* mwangata bu „kuta“, udi upatula: Eeba, Eebez>Eebeja, KumBusha; bwiPaci > bwiHaci (*bḥs*).

[12] P.R.K. NZONGOLA, *Dictionnaire des Synonymes Tshiluba*, Lwebo, 1967.

1.6. Mishindu ya maLeta mu ciLuba

CiLuba cidi ne maleta mishindu minene ibidi (2) ne mishindu mikosolola inayi (4).

1.6.1. Cyata cia miShindu ya maLeta

CiSumbu ciNene	**ciKosolola**	**ciLeshelu**
I. maShukuka	1. -Shukuka	*i, u, a, e, o*
	2. maLubidila	*y, w*
II. maCintamana	1. -Cintamana	*b, c, d, dj/d̲, f, j, h, g, k, l, m, n, p, s, t, t̲/č/c, v, z*
	2. maPasa anyi mBidi	*Mb, mf, mv, nd, ng, nk, sh, ...*

1.6.2. BuShitu bwa maleta mashukuka anyi malubidila

CiKam nci mfikishe ku budimu mu dilonda mibelu itwafumi ku ditela eyi.

Maleta mashukuka *i, u, a, e, o* anyi malubidila: *y, w* ke adi mamfikishe ku dimona ne: ciKam ni ciLuba mmwakulu umwe, mBuluba bumwe.

Bwalu twetu bumbushe maleta mashukuka aa: ***i/y, u/w*** ne ***a,*** tudi mwa kushadika ne *ciKam cidi diku mu ciBantu* anyi *ciAfulu* (>ciAfiika !), kadi katwena mwa kushadika ne ciLuba mmwakulu umwe ne ciKame to. KuLesha Bwena-Cisa cimwe cia ciKame-ne-ciLuba ne kwalula bobumwe bwa Diku dia CiKam-ciLuba mmianda ibidi mishilangane. Bwa kwamba ne miakulu eyi idi mu Diku-dia-Dilolo, anyi bwa kwamba ne ciLuba nciKame cipia-cipia, cia lelu, maleta mashukuka anyi malubidila adi ne diambulwisha dikole.

Dyalulula dia bobumwe didi dilomba tuShadiki, tuKomi bobumwe. Tushadiki etu, mmaleta mashukuka: ***i/y*, *u/w*, *a*** anyi *3*, c/ʿ (a,e).

Bilondeshele malu mandongesha kudi shushukulu Kadima Kamuleta, myaku ya ciLuba idi ne Ntaku ya mishindu anyi milongo inayi. Ntaku eyi ke idi shushukulu mamu Mpunga ubikila ne: **Mfuka-Sha-Mwanda**, kadi ndi mmubikila ne **Ntaku-a-mwAnda** anyi Ntaku-a-MwAku.

Mu MwAku anyi MwAnda mudi maleta a mishindu ibidi:

1. **Š** = Shukuka. Š udi mfundilu mu cikoso wa di-/ma-Leta di-/ma-Shukuka: **i/y; u/w, e, o, a.** Basombela babala maleta 5: *i,u,e,o,a* ne balwa kwambikila maleta malubidila 2: *y, w*. Kadi pakutangila bimpe, maleta mashukuka adi asatu: 1. **i/y**, 2. **w/u/o**, 3. **a/e.**
2. **C** = Cintamana. C udi mfundilu wa cikosu wa dileta dicintamana. Mu ciLuba tudi ne maleta macintamana 19, kadi ndi mbala maleta mapite pa 21: **b, c, d, dj/ḏ, f, j, h, h(a)/*ḥ*[13], j, g, ng/ḫ, k, l/r[14], m, n, p, s, sh/š, t, tsh/ṯ/č/c, v, z**.

Matuku aa, maleta a bungi akadi tuleshi mwaba udi mwakudi mukolela. Nenku ***sh/š*** ku Kasayi wa ku muBwelu anyi mBwelelu udi ulwa **j (ji, je)** ku Kasayi wa ku Manda, wa mBuCika anyi **zi/si** ku muBandu (Katanga ne Tanganyika). Kadi ciKam cidi cilesha ne ciLuba cidi cilame **Sh** pamwe ne **S** ne **Z**, cidi cishala cilonda ciKame cia BaKulu. Ke mbimpe kumbusha SH, bumudi bafuki ba BaLuba bashilangane ne

---

[13] Ha/He ewu utu ushintuluka ne Pa/Pe.

[14] R mmushale ku CiLuba cia Tanganyka ne Lwalaba.

Basonge pamwe ne Bashilange anyi Bena Luluwa baswa kwenza to. Cidi cikala kabidi cilesha ne ke mbimpe kumbusha **H** ku bukole bwa kumwenza dileta dishikuka **E, A, U, O, Y** anyi dicintamana **P** bu mudi Bafuki ba Bashilange bashilangane ne BaLuba baswa kwenza to. Mfundilu yonso ya ciLuba SH/ S/ Z anyi P/H nya kale ne kale.

1.6.3. CyAta cia biSumbu bya Ntaku-ya-Mwanda

Bisumbu binayi bia *Ntaku ya MyAku* ya CiLuba mbiobi ebi:

-CŠC-	*cil.*	-tum-, -dil-, -men-, -mun-, -man-, -now-, -tap-, a.n.
–CŠ-	*cil.*	-di-, -pi-, -nu-, -pa-, -ta-, -su-, -pu-, -tu-, -vu-, -yi-, a.n.
–ŠC-	*cil.*	-el-, -ib-, -as-, -ul-,
–Š-	*cil.*	-a-ul- (=londa ndota); -a-o- / –a-w- > -ow-

Ciata eci cidi cilesha ne: Ntaku-a-Mwanda yonso udi ne dileta dishukuka dimwe. Bu mudi mu mbikidilu wa maleta macintamana makwabo bikala balamacishe dileta dishikuka, muntu udi mwa kufunda –CŠ- anyi –ŠC- bu –C-.

Cileshelu:

dicintamana edi	**didi dibadibwa**
K	Ka
H	Ha
P	pe
D	dji; dje
Tsh/t/c	tshi, tshe
Z	Ze, Za

Mu cikoso, maleta macintamana onso adi abadibwa ne dileta dishikuka: *be, ce, ka, nge, de, fe, pe, se, me/em, ne/en, le, te,* a.n.

Nansha miaba idi bena miakulu mikwabo bamba ne kakwena dileta dishikuka, mu ciluba didi amu dikalaku.

Cileshelu:

Mwaku	Bala mu ciLuba	di-Andamuna
bk3	bakA, bakE, bekA	enceinter, devenir enceinte
bk3 / bik3	bikA	le matin
Bik-y	bikaY	
p3, p3-p3	P3, pepa, papa, pe-pe	voler, s'envoler
p3(t); 3pdw > p3dw[15]	patu, mpaatu	Canard
B3k.t ; BⲀKI	DiBak, diBakA, ciBaki	Construction

Muntu wakeba bwa kutungunuka ne mudimu ewu, kapu nshila ewu moyo to. Mwaku mubala *bk3* « dinda », mmufunda mu ciKam ne *i/y* ibidi. Mbafunde mu ciKam : *Bikai, Bikay*i. Nansha yeye DA wa mu „dinda" tudi tumupeta mu: *Dw3y.t* (> Dind3 < TyD3-w). Pakutangila bimpe, bu mudi *W* wenza *B*(e,a,u) anyi *M*(u), bidi bimweka ne mbafunde: mu-Dinda, bu-Dinda, wa-Dinda, dia-Dinda. Kadi *Dw3y.t* udi upa kabidi: di-Tooya, nToyi/Tooyi, Tooya, mu ciKapita: ⲦⲞⲞⲨⲒ. CiLuba cidi ne **Bik** (wa dibika ku tulu) pamwe ne **Bak** (dibaka, ciBaki). CiKam pacyo dilesha dishilanganya dya mfundilu pankaci pa **DiBak** (=disela, dilala, dimicisha) ne **DiBak** (=diAsa).

Bileshelu ebi bidi bilesha ne: maleta mujukuka anyi malubidila ke adi alesha ne miaku ayi bavwa bayibala mutudi tuyibala mu ciLuba lelu. Bungi bwa dikaluku dia maleta mashukuka anyi malubidila ke budi butufikisha ku dipatula ciLuba cidi pipi ne mbadilu wa kale, mbwena kwamba ne: mbadilu wa CiKam.

---

15 D<>l upatula: apeudu, apeulu, pala, pa-wlw > peulu, peepela.

1.6.4. Malu (mdw) a-mBidi-Cintamana

Mbidi-Cintamana: mb, ng, mf, mp, mv, nk, a.n. udi ciSumbu 5 cia Ntaku-a-Myanda anyi nsulakashilu wa maleta a cintamana adi kaayi mu mfundilu latine?

Balonda mfundilu latine, tudi mwa kwamba ne kudi bisumbu bikwabo bia Ntaku-ya-Sha-Mwanda itudi katuyi batela to:

-CŠCC-	*cil.*	-sumb-, -samb-, -zimb-, -somb-, -tamb-, -teng-, -tang-, -kunz-, -fund-, -lomb-, -kang-, -komb-, -dimb-, -kamb-, -komb-, -kimb-, -bomb-, -send-, -leng-.
–ŠCC-	*cil.*	-enz-, -anz-, -amb-, -end-

Balonda mfundilu latine ewu tudi mwe kwenza kabidi Ntaku mwikale CCCŠC: -tsham-, -tschim-, -tshim- anyi CCŠC –Sham, -Shem-

Kadi mBidi eyi *mb, nd, ng, sh* ... idi dileta dicintamana dimwe: d̲, š (> sh), *ḫ* (> ng, kh, sh), h̲. Mfundilu mupia-mupia wa Tsh anyi Tsch bu C, ukadi mumana kulongolola mfundilu mubi wa kale. Kadi mu mfundulwilu wa CiKam, Tsh /Tsch udi T̲ anyi č.

Nenku ntaku -Tschim- / -Tscham- kena wenza cisumbu CCCCSC to, udi ushala –CŠC- : *-**ṯ**im- / -**č**im-, -**ṯ**am- / -čam-* . Biamumwe ne –Sham-, -Shem-, udi ushala: -**Š**am-, -**Š**em- ne wandamuka mu bitupa bikwabo ulwa: -zam-, -zem- anyi –jam-, a.n. Ne tumone ne: -Kamb-, udi mu bulelela Gb, Kb > Gab, Kab anyi Ka-n-Ba, Ka-m-Ba.

II.
Dialula dia Ci-Kame mu Ci-Luba

2.1. Ci-/Di-Ebesha (< wšb*) anyi Disu (<šdw)-diEbesha*

Nansha kipacila ka mukanda ewu kikila “TuLeshi Kapya ne Dyanga anyi Bukenka mu CiKam”, makeba etu pa CiKam ne ciLuba adi akeba diandamuna pa lukonku elu: **CiKam ne ciLuba, mmwakulu umwe anyi peshi mmiakulu ibidi?** Ngebeshelu ewu udi utwa munu pa Disu-dia-Bwalu bwa musesu wa makeba matangila ciLuba-ne-ciKame. Disu-dia-diEbesha se ndiShita/ diZita anyi diJita, mu mfwalanse “Noeud de la question”, mu CiKam *šdw*, ke ndia kubweshakasha ne Disu Kamoni anyi Dimonyi to.

BuShuwa kukadi kupite bidimu binunu pankaci pa maluba aa, kadi nansha bikala nanku, tudi mwa kulesha dikala dimwe dia CiKam ne ciLuba bu mudibo balesha dikala dimwe dia ciLatine cia kale ne ciLatine cia lelu, dia ciKeleke cia kale ne ciKeleke cia lelu, ciAlaba cia kale ni ciAlaba cia lelu, a.n.

Di-Shukula anyi diSikula[16] dia ciLuba mu ciKame, didi diswa

---

[16] Bilondeshele misoko ya bakudi ba ciLuba, dileta edi *S* didi dilwa *Š*(=sh), *Z* anyi *J*. Mbwena kwamba ne *Š↔S↔Ś↔Z↔J*. Mu mfundulwilu wa ciKame, kamwena dileta dia J (*ji*) to. Mbimpe kulama *Sh* anyi *Š*, mbwalu mbikidilu wa kabukulu, mushale ne mu ciKa-Pita (ciKo-Pete): ϣ. CiKa**H**ita /-KoPete cici dilesha kabidi ne *Sh* (ϣ)udi mwa kulwa *ẖ, kh, x* (ϣ, ϧ, x). Dileta dia *S↔Ś↔Z* ndilwe mu *ciKaHita* anyi *ciKapita*: ⲥ, Σ. Dina bu *Ptḥ* “Ptah”, ndishale mu miaku Patuka, mPatuk, Panduk, Pandik, PaTeng, PaTang, PaTung, PaTeng ne mu KaPita (< Ka

kwamba ne: *ciLuba ncilwile ku ciKame, nTaku wacio nciKam* anyi mwakulu wa Mun-Kam. Mwena Kongo na adiela lukonko ne: *Kadi CiKam cidi Bilolo ushukula eci, nciKam cia baLuba ba ku BuKam(a,e) wa ku KaTanga anyi peshi ncia CiKama waku Lubilashi?* Ndi mbandamuna ne: To, ndi ngakula bwa CiKam cya *baKame-ba-Kale?*

Babungi ne bela meeshi ne mukanda ewu udi mutangile buLuba bwa BuKama ku Katanga. Banga ne bamba se: kipacila ketu nka kutandula buLuba buKame = buShika, buUme, buPita kale. Aba ke badi mu nshila mwimpe. **Bwalu ciKam cidi ciLuba-ciKam cia BuKama wa Kale**, civwa mu mPata-ya-Nyolo (=Nil). MwaKulu awu mbabange ku ufunda ne ku funda nawu kukadi bidimu bipite pa binunu 6 (= **6.000** bidimu).

2.2. Fundulwilu wa ciKam udi ulonda ciBantu-Luba

Vuluka ne **Jean-François Champollion** (mulela 23. 12. 1790 mu Figeac, mufwe 4. 3. 1832 ku Paris) ke ubangile kubala bimpe Dibwe-dya-Rosetta, divwa difunda mu mfundilu isatu : 1. Mfundilu-a-Mfidi, 2. Mifundilu-a-Cinsanga- ne 3. Mfudilu-a-ciKeleke. Padifwanyikisha mena mafunda mu ciKeleke bu Ptolemaios anyi Kleopatra ne mfundilu wawu mu Mifundu-ya-Mfidi, ya-nDelu pamwe ne myaku mipita pa 200 mibala bimpe kudi Young, ke Champollion kufika mu 1822 ku dishukula maleta ne mbadilu wa Madu-a-Ndelu anyi wa MiFundu-ya-Mfidi, mbwena kwamba ne wa CiKam.

Mu difundulula dia CiKam kudi Young, Champollion, Lepsius, Brugsch ne bakwabo, badi batambe kulonda mfundulwilu anyi

---

Pita = Ka mwa ku mutu, wa mBedi <*ḥPt)*. Ka-Pita katu Ka ku mpala, Ka –Pita ku mpala, ka mBedi, Ka-Kulu, Ka-nKulu.

mbikidilu wa mu ciKapita anyi ciKopete.

Mfundulwilu awu –cileshelu ***Kap*** – kena upatula mu ciDoci anyi mu ciFwalanse myaku mikala ne bulanda ne ***Kapia*** to. Kadi udi upatula Miaku ya bulanda ne ***Kap*** anyi **Kapia** mu ciLuba. Udi mwikala kabidi ulesha bulanda pa nkaci pa ciKapita ne ciLuba.

Yeye mwine mfundulwilu ewu *K3p* anyi *Kp,* untu mbikila mu mfwalanse ne: "***Esperanto*** wa (= mfundulwilu mufwikakasha kudi) *balongi-balongeshi ba ciKame*", udi ulesha ne: **ciKam ne ciLuba mmwakulu wa mBelu umwe, wa Bula bumwe**. Muntu yonso udi mumanye ne wakula ciLuba udi umvua miaku eyi:

Kap	kapia; kupia; Kapata (*k3p.t*); cia-/dia-kapia (*k3p.t)*
Ḫ.t	*Ḫ*iota, Khiota, Šiota, Ṯota (Tshiota), hyoto, ngoota; ciota anyi Čyota; kota; kete; kut(wa)-kapia; kenda
	>Nket(u,o)[17]; kenket(a,e); di-kenketa; mu-kenkeci

Bu mudi *K3p* / *Kp* mwaku munene, nansha bashintulula maleta, mwena ciLuba udi amu umvwa ne unaya ne miaku eyi:

*P3k /Pk**	PeKu (Pa-iKu), piaku; iPiKa, piika; (ma-)piku, peka; mPoku/poko (= poo, bwashi, patoka, nkundulu)
t-ḫ	Cyong(u,o); dy-/cy-osh(a,i,e); dianga, di-iku
	tang(a, u,o); tongu; tesh(a,e); twish; tuka; toka; cish(a,e)
(p↔b) >	

[17] Ndungu wa « *Nketu* », « *Nketo* » udi biende *oSha.*

[18] Bu mutudi tunaya mu ciata eci ne mfundilu katwena twamba ne *p3k, pk,* t-*ḫ* /t-š anyi *k3b, kb* idiku to. Kadi ciLuba cidi citwambila ne: myaku eyi idiku. Katuyi

k3b; kb[18]	kaba; kuba, kuba-kuba; kubu, kubu-kubu

Dinaya edi didi dilesha ne mbikole bwa mwakudi wa ciLuba kubenga kumvua tunungu tudi mu *Kap* ne *Ḫ.t*[19]. Nansha yeye mubale *ka-Ci*, *ka-Ti* (< Ti, Ci), mu dinaya ne kaleshi-tunungu aka  , ne abikile „kaci katemesha, anyi ka ditemesha nako kapia“.

Bwa Kapia udi kabidi mwa kunaya ne: „kapuupa“, „kapeepa“; „kapupu“: „kapia kapupa“; „kapia kapepa“. Nansha mwangate *–3p* anyi *p3, pia, pie*, udi amu unaya ne miaku mitangila *K3p*.

Ka- udi bu kaleshi-mulongo wa *Ka*- ku bumwe: *ka-Pia*, utu ulwa **Tu-** ku bungi: *tu-Pia*[20]. Kadi amu twetu bapete mwaku bu *Pia* mu ciKam ke pa twashadika ne *Ka*- / *K3*- wa mu *K3p* udi kaleshi-mulongo, mufiledi.

---

baipete, mbwena kwamba ne: mba ifundululule bibi anyi ba ipwa moyo mu Nkongamyaku ya ciKam.

[19] Ḫ bu č udi upatula Čyota ; Ḫ bu Ng upatula Ngota ; Ḫ bu K/Q upa KoOta ; Ḫ bu H upa W-Ota, Cy-Otu, kw-Ota, Ngw-Ota. Dibala ku diabalume tuya batangile ku dya bakashi didi patula myaku eyi: Tanga, DiKu ; dyaka ; dyanga, a.n.

[20] Tudi mwa kuteka KaPia ku bungi, kadi mu buLuba, mu ngakwilu kabatu bakateka ku bungi: temesha Kapia; twa Kapia; osha Kapia, a.n.

2.3. Bukole bwa nDeeshi-a-Musesu wa nKebelu ewu

Diangata ku mbangilu ne *CiKam nciLuba-cia-kale* anyi *ciLuba nciKam cipia-cipia*, didi nDeshi-a-muSesu wa diKeba dietu. Ndeshi ewu udi ciDika mu nkebelu ewu bwalu udi utufila ku dishinda (< *šdw, šdi*), ku dishindikila ne dishindikisha dia bipeta ne makeba pankaci pa miakulu anyi mfundilu ibidi cianana.

Bumudi ciLuba cikonga 70% wa myaku ya ciBantu, nDeeshi ewu udi CiDika ku nseka yonso:

1. udi ne bukole bwa kucimuna bena mpata,
2. udi ukomba nshila wa aba bakeba kulondolola bipeta bietu,
3. udi upepesha mudimu wa dishadika bulelela bwa nDeeshi (2) ewu – bwalu yeye mwine ke CiPeta-Ciledi -,
4. udi upepesha mudimu wa Mulongi yonso utu wakula umwe wa ku myakula ya CiBantu anyi utu wakula mwakulu umwe wa ku miakulu ya Afuluka (=ciAfrika),
5. udi wambulwisha balongi ba CiKam ba buLoba bushima bwa kulekela dilonga dia ciKam bu mwakulu mufwe.

CiKam ke mmwakulu mufwe to. Difwa dya tulasa twa CiKam dya kashimishisha mfundilu, kadi kadia kashipesha mwakulu to. Bantu mbashale bakula mwakulu ao too ne kulelu.

Mwanda ewu, mmwanda munene utudi tukuma, tu shonda mu cialu cia bakebi basanga. Ne batwambe malu mangi: *"kabuluku katu katumbisha amu yaku nsengu"*. Banga ne bamba ne: *"tudi twambe nenku bwalu tudi baLuba anyi baShila-nGe".*

Kadi twetu bafika mu citupa cia matandu a nenku, cya dielangana nsenda munkaci mwetu, tufwila BuKam ne bakudi ba Wolofu ku Senegal, ba CiKongu ne ba ciLuba ku Congo, Angola, Uganda, Rwanda, Burundi, Tanzania, Zambia, Malawi, Musambuke, Mwana-Mutapa, Azania anyi Mukila wa Afrika (Zulu, Swana, Sotho, a.n.) ne twikale bamane kuya kule ne makeba etu.

Citwatandila mena ncinyi? Twetu bashikishe dilesha ne: CiKam nciLuba, ne twikala balesha 40-60% ya myaku mishadika mu ciKam wa kale munda mwa miakulu mipete pa 300 mu Afrika. Pikalako bulanda pa nkaci pa CiKam ne Woolof bu mudi Cheikh Anta Diop mumana kulesha, pikalako bulanda pa nkaci pa ciPele (ciPewul) bu mudi Lam ulesha, anyi pankaci pa CiKam ne Basaa mu Kamerune bilondeshele Oum Ndigi, tudi mwa kwamba ne kudi BuLanda bunene pankaci pa myakulu ya ku luseka lwa Moritani-Senegal ne CiLuba. Cyena mutela midimu ya Obenga to, bwalu m-mwan-a-Ntu wa Kongo, m-mwan-a-ciBantu, mwakudi wa myakula ya Afrika wa Kwishi (Kush?) kwa BuKama wa kale.

Miaku bu *Kapia, Pia/Pie, aKa, aBa, Motu(o), Mosh(a,e,i), -Dilu/-Dilo/ -Riru, Tem, -Kala/-Kara, Kadilu, Kalilu, Keka, Kenka, Kenya, Penya, Sesa, Sesu, sonsola, salala,* a.n., mmiaku ya *bumpianyi* bwa twetu kudia bonso. Idi nKonga-Bafike.

Mukanda ewu, ciena mfundila binkalabwa to, bwalu ke mbimanye miakulu yetu to. Ku bifundila nkulonda nshila wa kupicisha diba ne aba badi kabayi bamanye myakulu, mekala ne ngikadilu ya Afuluka to.

Ndi mfunda mu ciLuba bwa babadi ne bakudi ba ciLuba, ne ba miakulu ya malanda ne ciLuba, ba ditwe mu nshila wa dikeba, dilongolola ne dikumbaja anyi diambikila miaku. Tudi baswe kutandula mishi ya miakulu yetu, mishi ya citudi bikale ne ya kutudi bafumine.

Ba nKambwa mbafunde malu kabu-kabu pa Mawesha-mFidi-Mukulu, Sha-Ntu ne Nina-Ntu, pa Buloba ne pa ndongolwelu wa buloba, pa sombelu mulelela, *mbatushile Meeyi-Makulu a Moyo mafunda bidimu 3000 bilondangane banga banga ne bafundi ba Bible ne mikanda mikwabo kubanga kutwiba ngenyi.* Katwena mwa kulekela malu a mbangilu, a mbandilu bwa kulwa kulonda bibila, bilengulengu ne bitentulula ne bilema to. BaKulu, ba Ndedi, mbatushile mifundu ne mfundilu kabu-kabu.

2.4. CiLuba nKonga Miakulu ya Ba-Ntu; nKonga-ci-Ba-Ntu

Muntu udi ubala makeba etu, angata **ciLuba mu bushima bwacio**: *Lunda, Kirundi, Kinyarwanda, Nyamwezi, Luba-Zambi (KiBembe, kiBemba, Lozi), kiHemba, KiHoloholo, Kalanga, Kanyoka, KiKete, Luba-Songe, Bindji, ciKete,Tiena<Ciena, Luba-Luluwa, Luba-Lwalaba, Pende, Lwalwa, Luba-Tanganyika, Luba-Lubilash; kiUruwa, cioKwe, Chewa, Kiga-Nkore, Ambaka/Bimbadi, Luba-Malawi, KiYombe, KiNyoro* (>*Nyolo* <Nil?>), *Kala*, a.n.

Disangisha dia maLuba onso aa, ne mbikidilu yao, ke diafila bukenka, dia lesha Meeyi makulu mu butaka, mu bwashi bwao.

Mmwenenu ewu udi ukonga Mwan-a-Ntu-MuFika yonso ne ulesha buluwa ne dishima dia ba-tu-panduludi. Tudi basombe mu Bwena-Muntu kukadi bidimu bipite pa 10.000. Katwena mwa kulekela tunKalabwa, tuvua tukalaba mu mbwebwe meba atukavwa ne bimenga binene, ne matunga manene a bubanshi, tulwa kushingulusha ne kumuna lelu bana betu ne matunga etu to. Tusomba tutupotela ku dinda too ne kudilolo.

Cidi cikemesha cidi amu cipeta cia pa dimanyina dietu pa ciLuba cia mu Kongo, cia mu mpata ya Kwango, Kasayi, Luluwa, Lubilashi, Lomami, Lwalaba ne Tanganyika. CiLuba eci cidi ciswa kumweneka bu cikonda, cikonga ne cikuba miaku yonso ya mu CiKam. Nci kuba, nci konga 90% (miaku 90 pa lukama) ya CiKam-a-Kale.

2.5. Bileshelu bikwabo: Mishi ya Myaku ya nSha-Mwanda

Di-Shikula / Sikula/ Zikula /Jikula didi dilwa ku *sk r* anyi ku *Šw-hrw* "shikula, sikula, sukula, shikwila". Ku *Shukula*, nku teka pa bwashi (ⲃⲱⲁϣ), pa butoka (*tk3w*), nku patula (*prt / ptr*), nku lesha (*rḫ / r-šw*) mishi (*š3ˤi)* ya tuci (*ḫt / š3i)*; nku shandula (*š3d-r;šd r* [21]) Sha (*š3ˤ)* ne ci-nNina (*nwnw.t; nwn, nn*) madu/malu (*mdw*), nku lesha ciena bwalu (*wḏ*) mu butaka (*tk3w*) bwacio, mu buLeLela (*r-irrw, r- rˤ-rˤw, rri-Rˤ, ir r3-Rˤ*) bwa cio.

Bu mudi ciKam cikale mwakulu wa ba MuLopo-Ntolo, wa ku muBandu, mwakulu wa Bu-Le-Le-La (*Iri.w-R3-Rˤ*), tudi mwa kwamba ne kipacila ka **Dishikula dia Buluba mu ciKam anyi dia ciKam mu CiLuba** kadi kikale dilesha (*rḫ.t*), dishandula (*š3d.t r; šd.t r*), dikanuna (*q3i.t / ḳ3i.t; qnni*) Meeyi (**Meeyi** < ⲙⲉⲉⲓ, ⲙⲉⲓ, ⲙⲏⲓ < *M3ˤ.t*) maKulu, a Ma-Ngala (*M3ˤ-Ḫrw)*, Meey'a Nkulu (*M3ˤw-Ḥrw*), a Nkole . Mwanda ewu, mmwanda wa dishitula, dibudika, dyelela Ba-Ntu patoke BuLelela bwa mBedi.

---

[21] *š3d* = shanda, shinda ne *š3d r* = shonda, shibula.

MuKubi mukulu wa Meey'a Bulela, wa nShila wa Moyo ne Budikadidi bwa Ba-Ntu, wa Dikala dia Bana ba Nkole, ba Mungu-Mawesha, wa civua ne citu Bantu-Bafika-Bikale ne – Bamanya cidi Mwakulu (mw-aKulu), mw-Aku wabu, BuLuba bwabo.

Di-Shukula didi kabidi diamba ne: di-Tubula, di-Totobola ciLuba mu miTubu/miTobo (< *twʒw*) ya ciKam. CiLuba pamwe ne miakulu mikwabo ya bungi ya Bafike ba kwishi kwa Ituri-a-mUlu (< *itwr-wr*), ya cisa cia Ci-Ba-Ntu anyi Ciena Ntu, mbilela kudi ciKam.

Twabangi milongo ya katupa 2.1. ne dilesha se myaku eyi: Ci-/Di-Ebesha (< *wšb*) anyi Disu (<šdw)-diEbesha idi ya mu CiKam wa kale: *wšb, š*dw.

Kadi mwakudi wa ciLuba udi umona ne *dieBesh* udi kabidi mwa kulwila ku *s3b*, mubala bu *3bs*. Mbadilu bu *s3b* udi ulonda myaku eyi: *shaba, samba, sambi-sha, sambi-la, somba, sombi,* a.n. Ntaku-a-mwanda *šdw* anyi *šdi* udi mu *shinda, shindikila* (badi babala *šdw*, kadi mu baKame mbafunda: *šdi-ḥr*). N-Sha-mwanda ewu udi mu: ciShidi, kaShidi, shindi-ka, diShinda, shinda-mana, muShindu, Shandu-la, Shandu-ka, diShita, Cinta, Cinta-mana, a.n. Dishintulula ntengu ya mbadilu dipatula: *dš* , udi mu Disu, nDesha, nDeeshi.

2.6. DiTandula dia buShitu bwa ci-/bi-/ka-Leshi

Mbangile mudimu ewu ne diandamuna dia Nkonga Myaku ya CiKam, miandamuna mu ciDoci kudi Erman ne Grapow: *Ägyptisches Handwörterbuch.* Bearbeitet und herausgegeben von Adolf Erman und Hermann Grapow, Berlin, 1921; balonde upatukile musangu wa 7, ku Hildesheim-Zürich-New York,

1995.

Diteta diandamuna edi kutulesha ne Mfundulwilu anyi mBadilu wa Myaku mikwabo ya bungi kena mushalame to ne ka-Leshi kine anyi mi-Fundu mine, ke nSha-Mwanda anyi nTaku-a-Sha-Mwanda.

Bu mudi nDeeshi wamba ne ciKam nciLuba, tu-Leshi anyi mi-Fundu ya bungi idi mu ciLuba. Muntu mumanye mena ayi mu ciLuba udi umanya mwa kuyibala mu ciKam. Ne nDeeshi ewu, ndi muye dishiya dia Champollion, dia Cheikh Anta Diop, dia Obenga ne dia balongeshi bonso ba ciKam kacia Kircheri, Young ne Champollion.

MuCima wa ka ngambulwisha bwa kubulula ne mesu ne lungenyi ne bileshelu bibidi:

1. DiBala miFundu anyi mFundilu mu ciLuba: cileshelu dileta dia **i** ne ***Y***,
2. Bumwe bwa kaLeshi = muShi ka/wa **luKonku** ne **diEbesha**,
3. DiBala mFundulwilu wa Young-Champollion mu ciLuba

Tudi twangata apa ciLeshelu cia *Bumwe bwa nTaku wa **luKonko** ne, di-Tenda /-Tendelele), di-Lond /-Londolola, diLomba, diLula, a.n.*

DyEbesha (*wšd*, dibala dilonda ciLuba: ***d-wš***): ndiela **LuKonku**, ndi**Konka**. Kadi luKonku mu ciKam mbalu fundulule[22] bu *wšd* (ubadibwa mu ciLuba: ***d.wš***) pamwe ne diLomba difunda bu *wḫ3* (> eBesha; *ShooSha*).

Tudi kabidi ne ***Nḏw***, cu ciLuba: *Ndomba, Lomba, lu-Lombu, nLombe-la (**nḏ r**), di-Londa, londo-lola, ndumbu-ndumbu,*

---

[22] Kufundululula ke nkufunda to. Mbadilu ne nguvuilu wa miFundu ne CiFunda anyi mbadilu wa Cifunda kudi mucifundi, mbintu bibidi bishilangane.

ciLumbu, ... pamwe ne (d↔t) *Teeta, diTeeta, ditenta, Tendelela* (***nd r***), a.n. Tudi mwa kwambikila *enda-munda.*

Kadi ciLuba cidi cishandula ne: mushi wa bulanda pankaci pa **luKonku** ne myaku bu *Ndomba, Lomba, Ndumbu, Lumba, Teta, diTeta, Tenta, diTenta, Tenda, Tendelela*, a.n. udi mu muFundu mucintamana.

Mufundu ewu udi:  .

Mu mikanda ya Mwakulu wa ciKam ya bungi, ke mbanye cidi muFundu ewu anyi kaLeshi aka kikale to.

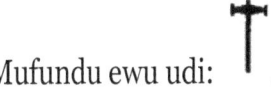

Gardiner mmuteke  Aa 27 mu Cilongu cia « Unclassified », ne Lefebvre mu cia « **Signes de définition incertaine** », mbwena kwamba ne « BiLeshi / MiFundu ya mena kaayi mashadika », itubo kayi bashadika ne itu ilesha cintu kayi to.

Dinga dituku muCima udi ungela lukonko ne : *KaLeshi aka*  *mu ciLuba, ncinyi* ? Meme se : ciTota, ciTuuta, kaPoopa anyi nnyIndu / NgiNdu. MuCima ne tangila mu mukanda wa Declerq anyi mu Nkongwa Myaku ya ciLuba mu BunTanda - http://www.ciyem.ugent.be/ - , mena makwabo a ciTota, ciTuuta, ciPôpa, anyi nnyiIndu mmena kayi?

KaLeshi

	- ci-Tuta/-Tota (< tuuta, tota, tutula, tatula <twa, ta); - nyIndu/ ngIndu(<InDw > iNdu) ; - muSasa (<sasa, zaza); - luKonku (< konka) ; - muLolu (< lola; oolola); - mPama; - muLonda (<l-onda, r-Onda); - ciPoopa (< poopa, popela); - ciTuucidi; ciTudi (< tula, fula); - muKookolu (< kookola, kooka); ciSakilu; - kaBozi (<boza, bosa, besa); etc.

Cyata eci cidi cilesha ne Konka (< *ḥḥ* ?) udi dina dikwabo dia Sha-Mwanda ewu: Kokola (<*ḥḥ r*), ngIndu, nyIndu (< *nd̲, nd̲w*); Londa (< *nd̲nd̲*), Lola (< *nd̲nd̲, ir*? tuvuluka ne: ***nd*** utu *n+r / n+l*). Myaku eyi idi itulesha mudi kaLeshi  « nyIndu, nyUndu, ngIndu » mwikala ntaku wa nsha-mianda mitangile: diKonka, diLonda-kasha, diLola, diLula, diTende(lela), diKonko-nona peshi dyeBesha.

III.
CiKam mu nDongeshelu wa Makela-Mafiofi

3.1. DiKoba dya Bena-Kam anyi Ba-Kame

Bwa tumakela-mafiofi, Bena-Kam ke mBantu-Bafike to, mBatoka bavwa ne ndambu mukese wa mashi a Bafike. Bina-batoka aba bavwa balwile ku Mputu-Azi.

BaKam bavwa bakina Bafika. Ne mpingana pa mwanda ewu mu mikanda mikwabo, kadi udi muswe udi mwa kubala Cheikh Anta DIOP:

1.*Nations nègres et culture : de l'antiquité nègre égyptienne aux problèmes culturels de l'Afrique noire d'aujourd'hui*, Paris, 1954;

2. *Antériorité des civilisations nègres, mythe ou vérité historique ?*, Paris, 1967;

3. *Parenté génétique de l'égyptien pharaonique et des langues négro-africaines*, Paris, 1977;

4. *Nouvelles recherches sur l'égyptien ancien et les langues africaines modernes*, Paris, 1988.

Mwena mwabo Cheik Anta Diop, shushukulu munene mu Bafike, mwena Cisa cia ba Wolofu mu Senegal kulesha mu midimu yende ne dilongesha edi ndia dishima.

Badi baswe kutukwata ku bupika badi bashima bana mu

mikanda ne Bena-Egiptu, ke mBafika to.

Kadi kulunga luseka, baya bashiminyina BaKam, Bena-Egypitu malu. DiShima edi balwa kudienza bu „Myaku ya Mvidi-Mukulu“. Kadi bu mudi Mawesha wa Cyama kayi muswe diShima, mukanda ewu wa baShim-baShime (*Šm/ smi*) ne baShemeshi (*śmnḫ*) diShima, ngwa kutwa Kapya.

Mu mikanda mifundila BaFike kudi Makela-Mafiofi, Makela-a-diShima, badi balomba bana bwa ba jimisha, ba zimishe anyi shimishe (*śmḫi*) BuKam bwabu, mishi yabu, bwa bikala amu badimona mu bindindimbi bifwikakasha kudi tuVidi-Vidi.

Bu mwa kabalomba Diop bwa balekela diShima, baka mwimina „Nsala wa Bapika-mu-diShima-ne-mu diDinga“, „Nsala wa baShimi“. CiKondo ci ngakalomba bulongeshi ku Suisse, bobo se: Awu mmuye kule, mupicile Diop mu makeba ne mudibenga malongesha a bupika, katwena mwa kumulekela bwa alongesha bana betu ba BinKalabwa to.

Kadi mubadi adimwenena bimfwanyi ebi bwa afika ku dishandwila dishima:

Muntu udi wamba ne Teya, mamwende wa KaTanga anyi wa Mukwa-Dyanga (Akhenaton), m**Mutoka**, udi upeta „Summa cum laude“. Ufika ku Kinshasa, bamunzulwila bibi bia bulongeshi. Udi ulwa mulongeshi bwa kulongesha ne Teya mmutoke. Muntu udi wamba ne Teya m**Mufika**, badi bamwipata anyi bamupa bipeta bibi. Ufika ku Congo, tulasa twashila bapika, tumwimina bulongeshi anyi mudimu.

Mwanda ewu udi ushadika se: Ditunga didi dilekela Bana balonga malu mafunda kudi BinKalabwa, dilonda Malu-a-KaVidi-Vidi kabweshakasha kudi bena kwetu ne Mawesha Nangila, ndi dilowa. Kwangata tulasa kupa bena bowa, bacinyi ba batoke, bambuludi ba se „Teya mmutoke", „BaKam mbatoke", „CiKam mmwakulu wa batoka", nkufila ditunga ku bupika. CiPeta cidi amu dishala mu bupika, diela lungenyi ne dienza malu bu bapika.

Lelu bantu bapongola, badi balala pa bonga, pa tubanda, pa mikuba, pa mici, a.n. kadi bikale bafwa nzala, bana balala pashi, balongela pashi, bapanga too ne cibasa cya kusombela. Balekela Makela-Mafiofi apawula mbonga, tubanda, mikuba, mici, mishipa, mabwe onso ne biamu bionso, mafuta-a-kapya, a.n., kabayi babipata to.

Pamutu pa kwela bibi ne banyangi ciwaya, bakadi balekela bibi, ba pawudi, ba baShimi ba "Semuna", ba "Somona", ba "Pongola" biUma byonso bya mu Ditunga, bya mu Afuluka. Benyi balwa kupeta cikama-kama cya kutwipata nacyo too ne mu misoko yetu.

3.2. CiKam mmwakulu wa Ben-a-diShima (Shemite)

Bu mudi diandamuna dimweneka, dimweka amu bu fundilu mupia mupia, anyi bu dishikula dia maleta ne tunungu tonso twa ciKam, ***ciLuba cidi cimweneka anyi cimweka bu ciKam cipia-cipia***.

Binkalabwa bidi bifunda ne bilongesha kabidi se: *mwakulu ewu CiKam*, **ke ngwa Bafike to**. CiKam nansha mwikale ne mishi mikese ya ciAfrika, mmwakulu wa diiku difwikakasha ne dibikila ne "Chamito-semite" (bala: Kamito-Shemit) anyi "Ci-Afro-Asia"[23]. Tudi tubikila Cisa eci ne Bena-diShima anyi BadiSema.

Mu Cisa ciabo cia ci-Kam-tuShimi badi babala amu meku aaa:

1. *TuShimi* (ci-Alaba/-araba, ci-Yuda, ci-Babylonia /ci-Kuba, ci-Assylo / -ci-Asashila);
2. *Lebu*[24]-Belebele/-Berebere,
3. *Ci-Kush* (Bedja, Somali, Galla, Saho, Agaw, Sidama, a.n) ne
4. *CiKam*.

---

[23] Pa mwanda ewu, kubala: A. GARDINER, Egyptian Grammar. Being an Introduction to the Study of Hieroglyphs, Dipatuka 3, Oxford, 1988, §3; G. LEFEBVRE, Grammaire de l'Égyptien Classique, Dipatuka 2, Kairo (bala : Kelo), 1955, §1-6; T. OBENGA, Origine commune de l'Égyptien Ancien, du Copte et des Langues Négro-Africaines modernes. Introduction à la Linguistique Historique Africaine, Paris, 1993.

[24] Dina edi *Rbw* didi mwa kubadibwa Luba, kadi bwa kwepuka dibweshakasha dia Luba ne Libia bia mpindiwu, tudi tubikila *Rbw/Lbw* ne Lebu. Kadi katupu moyo ne Lebu ne Luba anyi Loba bidi mwa kufundibwa bu *Rbw* to. Dina dia ditunga didi Binkalabwa bibikila ne Libye (< *Rbw* / *Lbw*) didi bu dina dimwe ne Luba anyi Ruba (<*Rbw*).

Cina Cisa cifwikakasha cia Kam-Shemi, batu bacibikila kabidi ne: "Hamite" anyi Ci-Ham.

Cisa:	**Kamito-Shemit**			
Meku:	**Shemite**	**Lebu-Belebele**	**Ci-Kush**	**Ci-Kam**
	Alaba Alama Asili /Ashila Elami Yuda Fwanyiki /cimFwana	Belebele Berebere /Lebu (Laba/Luba/ Loba/ Lebwe ?)	Bedja Somali Galla Saho Agawu Sidama	Kam(a,e)

Mu difwikakasha bisumbu ebi, ke mbalonda myakulu to. Bafwikakshi aba kabakadi bamanye myakulu yetu to. Mbangata bisa bitela mu Bibele balwa ku bibweshakasha ne mena a mu mufindu wa BaKam-ba-Kale. Cishadiki: Cyata cya Ebers[25]:

[25] Georg EBERS, Aegypten und die Bücher Mose's. Sachlicher Commentar zu den Aegyptischen Stellen in Genesis und Exodus, I, Leipzig, 1868. Mu ciluba: *Egipitu ne mikanda ya Musa. Ngumvuwishilu musala wa myanda mitangile Egipitu mu (mikanda ya) Cibangilu ne Cinwangi,* I, Leipzig, 1868, dib. 55.

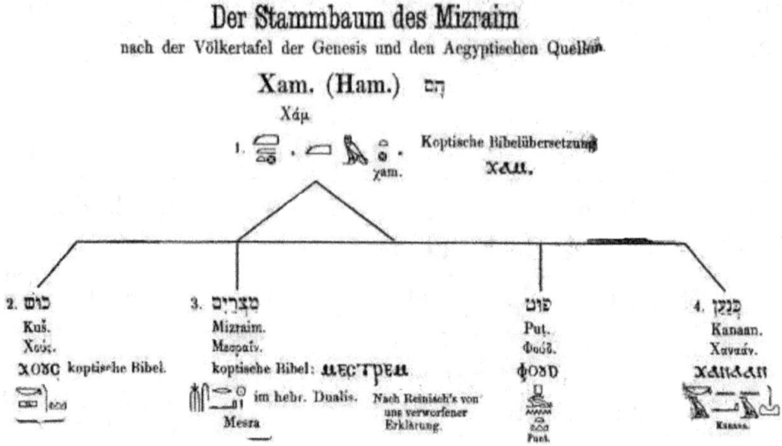

Mena onso aa adi mu ciLuba:

	Kam			
Ebers:	Kush / Kuš	Mesra, Mizra-im	Put, Punt	Kanaan, Kanana
Luba:	Kush, Kosh, Kash, Ngosh, Ngash Kwish	Misele, Mushila, Mushilu, Musela, Muselela, Musala, Musalala, Miselula, Musalala, Muselula	Put, Putu, mPutu, Pundu, Ponda, Pondu, Pudi, Podi, diPonda	Kanana, Kanena, Kanona

Cyata eci cidi cilesha mudi Cyena-Ntu, apa mudi ciLuba, citeya bapendi ba baFika. Ebers ne bena diende bavwa ne dipanga dia bungi ne kabavwa bamanye se, batu babala mena a ciKam mu ciLuba to, mu Cyena-Ntu to.

Nansha mbadilu wa Ebers[26] wa Bisa bya Mushila anyi Misele/Miselula/Musalala udi wa mena acidi mu ciLuba:

Misele/Mushila/Mushilu					
1. Lutu	2. Anamu	3. Lubu	4. Na Ptah	6. Hasmun, ⲉⲁⲥ-ⲗⲱⲕϩ	7. Kaft ur
Lutu Luntu Lundu Lunda Ludim Bantu BaLuntu	Aneme Anema Inama Munema Ciinema Banema	Lubu Lubuu Lobo Lebu Laba Lwebo Luba	NaPatuka NaKaPita NaPitaku Kapita (ⲥⲁⲫⲑⲁ) Kafita KaHita	Hasamun Pasamune Kasamuna Hasemuna Kasemuna *Mu ci-Kapita:* Aseluka Kaseluke Kaseluka	Kafiita Kafiitula Kafindula Kafundula Kafidila Kavidila Kafundu Kaboto Kabototo Kafuntenda Kafutanda Kafwe-Tulu Kafietula Kapindula

Tudi bashiye mulongo 5 mutangile "Pa Hathor (res)" anyi "Pather" mbadilu wa Ebers wa *Ḥt-Ḥr,Ḥw.t-Ḥr.* Dina edi didi mu Dipikula, Cipikula, Cipangula, Cipakula, Cipongola, CiaBaKulu, CyaBukole, Cikungulu, Kubu-Kole, Kubu-Kulu, Kabu-Kole, Kuba-Kole, Kabadi-ka-Nkole, Kabadi-ka-Nkulu, Kabadi-Ngulu, Katangula, Atangula, Kutokola, Kutonkola, Padi-Nkole, Padi-Nkulu, Padi-Ngulu, hadi-Ngulu, Hadi-Nkole, Hatu-Nkole,

[26] Cyata cilonde: G. EBERS, *Egipitu ne mikanda ya Musa,* I, Leipzig, 1868, dib. 55.

Padi-Kolesha, a.n.

3.3 . Cietu ciPeta: ciKam = ciBantu-Luba

Bu mudi diandamuna dimweneka, dimweka amu bu fundilu mupia mupia, anyi bu dishikula dia maleta ne tunungu tonso twa ciKam, ***ciLuba cidi cimweneka anyi cimweka bu ciKam cipia-cipia***.

CiSamba	**Ntu**
CiISa	**Bantu**
Ciota-cinene	**Kama / Kame**
Diku-dinene	**Luba = Luluwa = Uruwa**
Mbelo	*Luba-/Luluwa-Kasayi*[27] Luba-Tanganyika (+Rwanda-Burundi)[28] Luba-KaTanga / -Shaba Luba-Kongo (cil. Mayombe) Luba-Malawi Luba-Zambia Luba-Tanzani Luba-Musambuke Luba-Simbabwe Luba-Angola Luba-Uganda Luba-Soudan

[27] Luba-Lubilashi, Luba-Luluwa /Luba-Pemba / Luba-ciiShilange), Luba-Luntu / Luba-Koshi, Luba-Songye / Luba-Yembi, Luba-Kanyoka, Luba-Bindji, Luba-Lunda, Luba-Kete, a.n.

[28] CiKondo cia mvita eci, kwambila baLuba ba Kongo ne Kirundi anyi Kinya-Rwanda mmwakulu wa Diku dimwe ne ciLuba, bidi bu cipendu. Kadi Nkonga-Myaku ya kiRundi ne ciLuba idi ilesha se: mmyakula ya diku dimwe.

Mbwena kwamba ne, cyena ngimana pa se: CiKam mmwakulu wa baFike ba Afrika to (Diop), cyena ngimana pa dilesha ne ciKam mmwakulu wa Cisa cinene cia Bantu ba Afrika wa Kwishi kwa Sudan to (Obenga, Ndigi Oum, Anselin), cyena nshala pa dilesha ne CiKam mmwakulu wa Diku dinene dia CiLuba cisanga to. Ndi muye kule bwa kwamba ne: *CiKam, ncishala ne myaku aci ne tunungu twayo mi-/tu-twa ku 70% mu ciLuba cia mu mpata ya Luluwa, Lubilashi ne Lwalaba/KamaLondo*. Mwaku ewu Kam udi mu *BuKama, DiKama, CiKama, Kama, Kamakama, Kamonya, Kamoni* ne *Kama-Londo*. Tuvuluka ne Kama-Londo mmweshi wa Lwalaba ku luseka ludiwu ne Mayi-Mafike anyi MaFikuluka. Dilamina dia dileta dia "Sh", dibenga kwangata "Ji", ditamba kwangata "S" pamutu pa "Z", didi diensa CiLuba cia mu mpata ya CiKapa-KaSayi-ne-Luluwa: *mPata-ya-baLaminy-ba-ciKame, mPata-ya-baLuba-ba-buKam*.

Kadi nansha meme mwimanyine pa *Kasayi-LuLuwa-LuBilashi-ne-LwaLaba/-Kamalondo*, mubadi ashala muvuluka ne ciLuba cidi ne mekala a bungi. Mudimu udi mubange nawu ewu ne utekete diba dia patuka mikanda ya "*Nkonga Myaku ya biLuba*".

Meme ndi mmukebi wa mishi ya Mwana wa Mufike, ndi mu nzila wa Bafika-Dimanyayi. BuLuba, buPemba anyi buLuluwa bwanyi budi bulwa kunyima kwa Bwena-Ntu, kunyima kwa Buntu-Bufike ne Bu-Mwana-Ntu bwanyi. Pandi ngamba ne: ciLuba ne ciKam mmwakulu umwe, ndi nsanga bipeta bia makeba.

Muntu yonso udi mu manye ciLuba, ne alongolole ne akumbashishe miaku mikwabo ku itudi bapete eyi. Muntu udi ku Diku dia CiLuba cisanga, cil. Udi mumanye ciBemba, ciLozi, ciLunda, kiRundi, kiHemba, ciKanyoka, kiYombe, kiYeke, kiSanga, kiNyoro, kiMole-Moshi, kiZulu, cimBadi, a.n. ne umvwa myaku ya bungi kayi dijinga ne Nkonga-Myaku to, ne akumbashe myaku mikwabo bilondeshele buluba bwende, ngakwilu anyi mbikidilu wa kwabo. Kunyima kwa diambikila miaku ne mbikidilu ya kwabo, ne adi mwenene se: ciLuba mmwakulu umwe ne ciKam. Miaku miela mu tuboko kulu eku idi mienze bu kadiosha ka bicilwalwa.

Diku didibo babikila ne Ci-Kam, ndia ku Cisa cia Bana-ba-Ntu. BaKame bavua badibikila ne: TuLume, Turume, ba-CiLume (*Rmṯ.w*). Bavwua *Bana-a-NTU*, *Bana-ba-Bwana-Ntu* (*Nb-Ntw*), bafuka kudi *Sha-Ntu* ne *Nyna-Ntu*. Bavua bakula mwakulu wa BA-NTU. Mwakulu wabo uvua ne *Ntw, Nti* pamwe ne *Wntw*. NTU mwine ewu, mmwenda lumu mu Ci-Ndedi, Ci-Ndela (*nṯr.t*): *Ntw, Nti* ulwile "Neith" (Nutu), *Onto(s)* mu ci-Keleke bilondeshele mifundu ya Plato, Herodote ne Plutarke. Vuluka ne *Wntw*, *Untu* mu ciTetela udi: *Onto.*

3.4. DiLekela dia diShintuluka dia maLeta

Midimu ya bungi mienza kumpala kwetu, mmitambe kulonda nshila wa diShintuluka dia maLeta. Mu dikeba edi, ciena mutambe kwangata bipeta bia dishintuluka dia maleta to, pa kumbusha dishintakasha ditu dikala yni mu ciKam anyi mu ciLuba cia mu mpata itwafumi ku ditela eyi. Cileshelu:

n↔m	*np↔mp*	*p↔f↔v*	*r↔l↔d*	*sh/š↔s↔z*
m↔b	*w↔b*	*p↔h*	*rn↔nl↔nd↔d*	*f↔v↔pf*
m↔mb	*s↔z↔j*	*p↔b*	*d↔t*	*ṯ/č↔t*

Dishintakasha edi anyi dialuluka dia maleta edi kadiena dipatuka mu diiKu cia ciLuba to. Didi mbikidilu mishilangane ya mwaku umwe mu bitupa bishilangane bia Baluba: *mwEshi, mwEnji, mwEzi; sola, zola; püsh, pfish.*

Mamu Shushukulu Mpunga mwa Kanyinda mmu-konga malu adi atangila maleta mu ciLuba. Bu mudi milongo yende mimpe, ndi nyambulula yonso:

"Tshilubà tshìdi nè màleetà majìkùka àtaanu (5) : /i, u, e, o, a/

malubìdìla àbìdì (2) /y, w/

matshìntàmàna diikùmi nè mwanda mukùlù (18) : /m, b, p, n, d, t, ny, z, s, ng, k, v, f, j, sh, h, l, tsh, (c)/

Pa kutàngila, màleetà àbìdì a'a: /d/ nè /l/ bìdi tshintu tshìmwè; Bwalu, dìleetà dyà /d/, dìdi dìmwèneka ànu pàdì /l/ ùlondela dìleetà dyà /n/ anyì bamulondèla kùdì dìleetà dyà /i/, /y/

Tshileejelu:

kulenga > n-lenga > ndengà

kulàmba > n-làmba > ndambà

kulunga > n- lunga > ndungà

kulela > mu—lel-i > muledi

kudila > mu- dil-i > mudidi

Mbyà moomùmwè nè bwà màleetà a'a: /p/ nè /h/. Dìleetà dyà /p/ dìdi dyùmvwika ànu pàdì /h/ ùlondela dìleetà dya /m/

Tshileejelu:

luheehèlà > mpeehèlà

kuhààna > mpaanà

kuhòna > mponà

Mu tshilubà, dìleetà dyônsu dìdi dìbadiibwa nè dìshìndumwiika ànu mùdìdi. Nènku, /s/ nè /z/ bìdi ànu bìshààla nè mushinga wàbì dîba dyônsu.

Dìleetà dyà /tsh/

Mu mfùndilu wa tshilubà, /tsh/ tâ /c/, màleetà ônsu àbìdì àdi àmwèneka mu mifùndu. Bwà bìdì bìtàngila mudimu ewu, tudi tulama dìleetà dyà /tsh/ pamutù pà /c/. »[29]

---

[29] PUNGA WA ILUNGA, Myenji nè mêba mu tshilubà. Mêna àyì nè

3.5. Fundilu wa ciKam = ciLuba-ciKulu:

Bikondo bibadi ba nkambwa bafunda mikanda minene bu *Mikanda ya mu Misonga*, twena Beleshi, twena Fwalanse, TuDoci, TwAngele ne Tunkalabwa tukwabo tukaadi tutupotela ne Bafike mbena "malu a ku mushiku", "kaba manyi kufunda" ato, tucivua twenda butaka, dipanga mu mutu, tupadisha kudi mucima wa bwibi, wa cinyangu ne masandi.

Kakwena Kankalabwa nansha kamwe kadi mwa kupatula mukanda mufunda mu cidimu binunu 3000 kumpala kwa diledibwa dia Yezu to, mbwena kwamba ne mufunda kukadi bidimu 6000 anyi 5500 to. Bibele mmwibe ne munyange, pakanci pabidimu 1000 kumpala ne bidimu 200 kunyima kwa diledibwa dia Yezu, Meeyi-maKulu, a Bulelela, Meeyi-a-Moyo mashiya kudi Ba-Ntu bidimu bipite pa 3000 kumpala kwa dikalaku dia Bibele. Meena onso a Sha-Ntu ne Nina-Ntu tudi tuapeta mu mifundu ya bidimu 7000 to ne ku bidimu 6000 kumpala kwa diledibwa dietu. Meeyi-Malelela, Meeyi-a-Moyo, Meeyi-a-Cyama adi mu mifundu ya Ba-Ntu ba ku BuKama-wa-Kale, wa-Nkole. Muntu udi muswe BuLe-Le-La, muswe kushandula cidi Mvidi-Mukulu wa Ciame mwikale abale mifundu ya ba nKambwa[30] betu ba ku BuKama wa Manda.

Kadi bwa kulonga dibala MiFundu ya Nyinka, "Malu-a-Dialu", "matutondela" kudi Taw-MuFuki, Sha-Ntu, kudi Maw-MuLedi wa Ntu yonso, mbimpe kubanga dishandula maleta abo[31].

---

nsùùlakajilu, mukanda mwindila dipatuka.

30 Dishintulukana dia B↔M, didi dipatula cipeta eci: nKamBwa ↔ nKama > nKomw.

31 Bileshelu bia mu Alan GARDINER; Egyptian Grammar. Being an Introduction to the Study of Hieroglyphs, dienzulula 3, dipatuka 12, Oxford, 1988, § 9, ciata II.

3.6. Bileshelu bia Fundilu wa ciKam = ciLuba-ciKulu

1) Mifundu ya mBangilu wa biDimu 2.000 k.p.k..[32] ci-Nyangu[33]

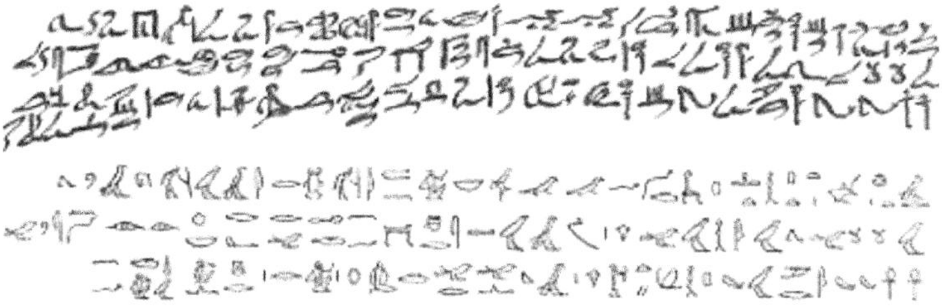

LITERARY HIERATIC OF THE TWELFTH DYNASTY (Pr. 4, 2–4), WITH TRANSCRIPTION

2) Mifundu ya mBangilu wa biDimu 1.200 k.p.k.. ci-Nyangu

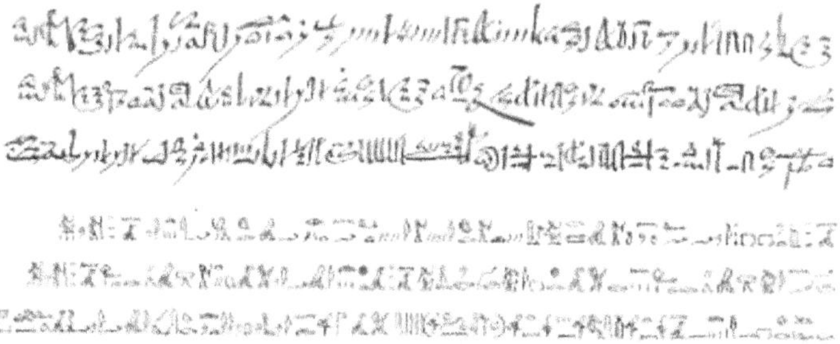

OFFICIAL HIERATIC OF THE TWENTIETH DYNASTY (Abbott 5, 1–3), WITH TRANSCRIPTION

---

[32] K.p.k. = *ku mpala kwa*

[33] **Ci-Nyangu** cinene cibangile ne Bena-Roma ne citu citungunuka too ne lelu. Dibwela diabo k.p.k. bidimu 1915 banga-banga nediSusula dia Afrika ku mBeleline/Bereline (1885+30 = 1915) bangilu wa Cimwangi Cinene ne DiSubisha dia Bana ba Ntu. Numanya ne Bena Italia, Bena mPolotukal, Bena Espanya, Bena mFwalanse, a.n. mmaminu mabi a Bena Roma.

3) Mifundu ya mBangilu wa biDimu 350 k.p.k.. ci-Nyangu

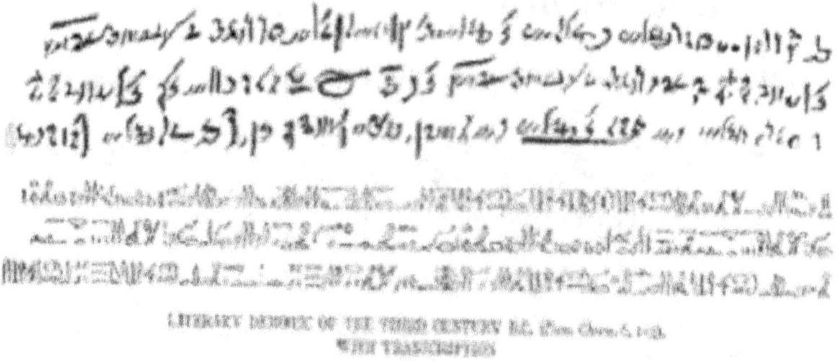

4) CiKapita : mu mBangilu wa biDimu 200 k.n.k..[34] ci-Nyangu

Bohairisch. 1. ⲡⲁϣⲏⲣⲓ ⲉ̀ϣⲱⲡ ⲁⲕϣⲁⲛϭⲓ ⲛ̀ⲛⲁⲥⲁϫⲓ ⲛ̀ⲧⲉ
(77) ⲛⲁⲉⲛⲧⲟⲗⲏ ⲛ̀ⲧⲉⲕⲭⲟⲡⲟⲩ (267) ⲛ̀ϧⲏⲧⲕ 2. ⲡⲉⲕⲙⲁϣϫ
ⲉϥⲉⲥⲱⲧⲉⲙ ⲉ̀ⲟⲩⲥⲟⲫⲓⲁ̀ ⲟⲩⲟϩ ⲉⲕⲉ̀ϯ ⲙ̀ⲡⲉⲕϩⲏⲧ ⲉ̀ⲟⲩⲕⲁϯ
ⲟⲩⲟϩ ⲉⲕⲉ̀ⲧⲏⲓϥ ⲛ̀ⲥⲃⲱ ⲙ̀ⲡⲉⲕϣⲏⲣⲓ. 3. ⲉ̀ϣⲱⲡ ⲇⲉ ⲁⲕ-

[34] K.n.k. = *ku nyima kwa*

3.7. Maleta a CiKam ne mFundulwilu wawo

Ciata I:

THE ALPHABET

SIGN	TRANS-LITERATION	OBJECT DEPICTED	APPROXIMATE SOUND-VALUE
𓄿	*ꜣ*	Egyptian vulture	the glottal stop heard at the commencement of German words beginning with a vowel, ex. *der Adler*.
𓇋	*i͗*	flowering reed	usually consonantal *y*; at the beginning of words sometimes identical with *ꜣ*.
(1) 𓇌 (2) 𓏭	*y*	(1) two reed-flowers (2) oblique strokes	*y*
𓂝	*ꜥ*	forearm	a guttural sound unknown to English
𓅱	*w*	quail chick	*w*
𓃀	*b*	foot	*b*
𓊪	*p*	stool	*p*
𓆑	*f*	horned viper	*f*
𓅓	*m*	owl	*m*
𓈖	*n*	water	*n*
𓂋	*r*	mouth	*r*
𓉔	*h*	reed shelter in fields	*h* as in English
𓎛	*ḥ*	wick of twisted flax	emphatic *h*
𓐍	*ḫ*	placenta (?)	like *ch* in Scotch *loch*
𓄡	*ẖ*	animal's belly with teats	perhaps like *ch* in German *ich*
(1) 𓊃 (2) 𓋴	*s*	(1) bolt (2) folded cloth	*s*
𓈙[1]	*š*	pool	*sh*
𓈎	*ḳ*	hill-slope	backward *k*; rather like our *q* in *queen*
𓎡	*k*	basket with handle	*k*
𓎼	*g*	stand for jar	hard *g*
𓏏	*t*	loaf	*t*
𓍿	*ṯ*	tethering rope	originally *tsh* (*č* or *tj*)
𓂧	*d*	hand	*d*
𓆓	*ḏ*	snake	originally *dj* and also a dull emphatic *s* (Hebrew צ)

Ciata I ncya mu S.A. GARDINER, Egyptian Grammar, § 19 "On Transliteration", p. 27. Ciata cidi cilonda eci cidi cilesha tunungu tukwabo tudi katuyi pa ciatya cia kumpala eci to:

CyAta II: miFundu ya diLeta dimWe

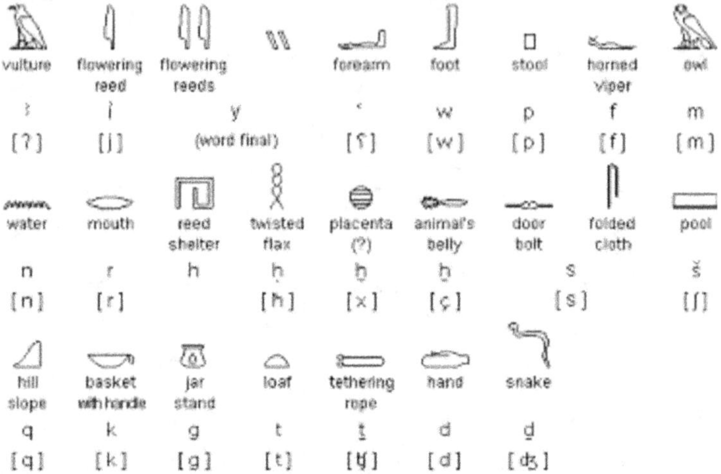

Kadi Cikama udi kabidi ne mifundu ya maleta abidi anyi asatu:

Ciata III: miFundu ya maLeta aBidi

CyAta IV: mi-Fundu ya maLeta aSatu

Ku dianyi dimona biata III-IV bidi mifundu-mikala-nsha-mwanda. Bwa mulongi amwakulu, diteta dia ngondo ya kumpala didi mwa kwikala ne nkonko eyi:

1) Mbulanda kayi budi pankaci pa maLeta a CiKam mu ciata I ne maLeta Latine? Cileeshelu: BuLanda kayi budi pankaci pa dileta  anyi ne dileta dia *i* / *k* ?

2) Mbulanda kayi budi pankaci pa muFundu wa CiKam mu ciata III-IV ne maLeta Latine? Cileeshelu: BuLanda kayi budi pankaci pa mufundu 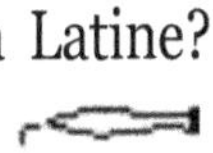 ne maLeta Latine aa: ***Kp*** anyi

K3p?

Kadi bu mudi ciKam ne mFundilu inayi, twambikila Cyata cikonga maLeta a ciKam cia kale.

Ciata V: ciKonga maLet-a-CiKam

Hiéroglyphes	Hiératique	Démotique	Copte	Valeur
			ⲁ	ꜣ
			ⲏ	i, y
			ⲟ, ⲱ	ꜥ
			ⲟⲩ	w
			ⲃ	b
			ⲡ	p
			ϥ	f
			ⲙ	m
			ⲛ	n
			ⲣ	r
			ϩ	h
			ϩ	ḥ
			ϧ	ḫ
			ϧ	ẖ
			ⲥ	s
			ⲥ	ś
			ϣ	š
			ⲕ	ḳ
			ⲕ	k
			ⲅ	g
			ⲧ	t
			ⲑ	ṯ
			ⲇ	d
			ϫ	ḏ

Tuvuluka ne mu mpata ya LuNgol anyi Nnyolo (Nile) kamuvwa amu ciKam to, muvwa kabidi mifundu ya MaLuwa anyi MaLawi.

3.8. Biata bia maLeta a MiLowu/Malawi (Merowe)

CiAta VI: ciMiLowu / Merowe[35]

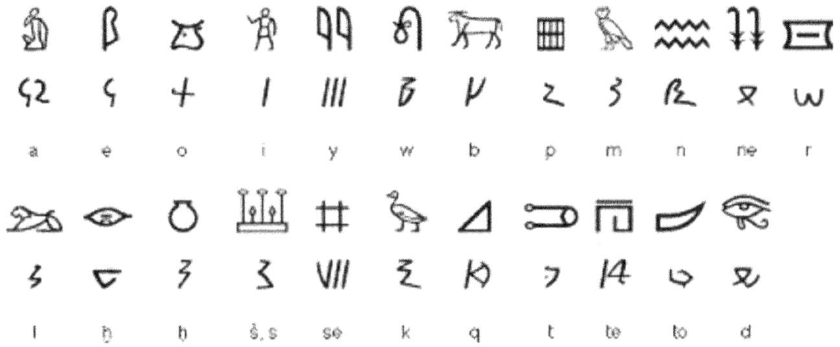

Mu mifundu eyi, dileta dia K didi dilwila ku Kasuyi, dia D ku Diisu.

Mifundu eyi idi ilesha kabidi ne mFundilu wa CiKam uvua mumanya too ne mu Uganda, mu Tchad ne mu Kongo.

---

[35] Dina edi kadiena amu didi mu MuLowu, miLowu to, didi kabidi mu Maala, mBelu/mBelo pamwe ne MuLopwe. Tuvuluka se: Pwe utu kabidi Hwe anyi –Ewe. Nenku MuLopwe udi mwa kulwa MuLoHwe ne MuLowe (<mrwe). MuLo-/ MaLu-utu ulwa kabidi: MuDo-, maDu –, a.n.

CiAta VII: maLeta a ciNubi

ⲁ	a	ⲗ	l	Ⲫ	(ph)
Ⲃ	b	ⲙ	m	ⲭ	(ch)
ⲅ	g	ⲛ	n	ⲯ	(ps)
ⲇ	d	ⲟ	o	ϣ	o
ⲉ	e	ⲟⲩ	u, u	ϥ	s'
ⳍ	(h) : x	ⲡ	p	ϩ	h
ⲏ	i	ⲣ	r	ϭ (ⲋ)	g
ⲑ	(th)	ⲥ	s	ⳓ	n
ⲓ	i, j	ⲧ	t	ⳡ	n
ⲕ	k	ⲩ	i	ⳝ ⳃ	w

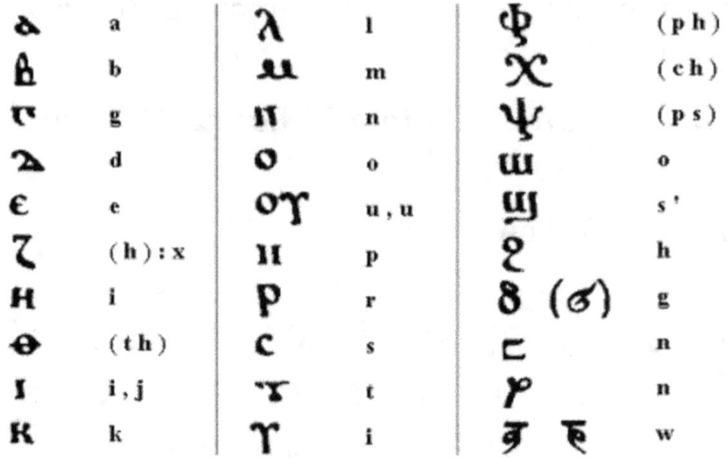

MiFundu eyi nya ku Mutu kwa Bunganda ne kwishi kwa Tchad. Idi ilesha ne bena kulu kwa Kisangani bakavwa bamanye mfundilu wa KaPita (Kopete) ne wa Keleke.

Cifwatulu-cia-Afuluka/-Afudika

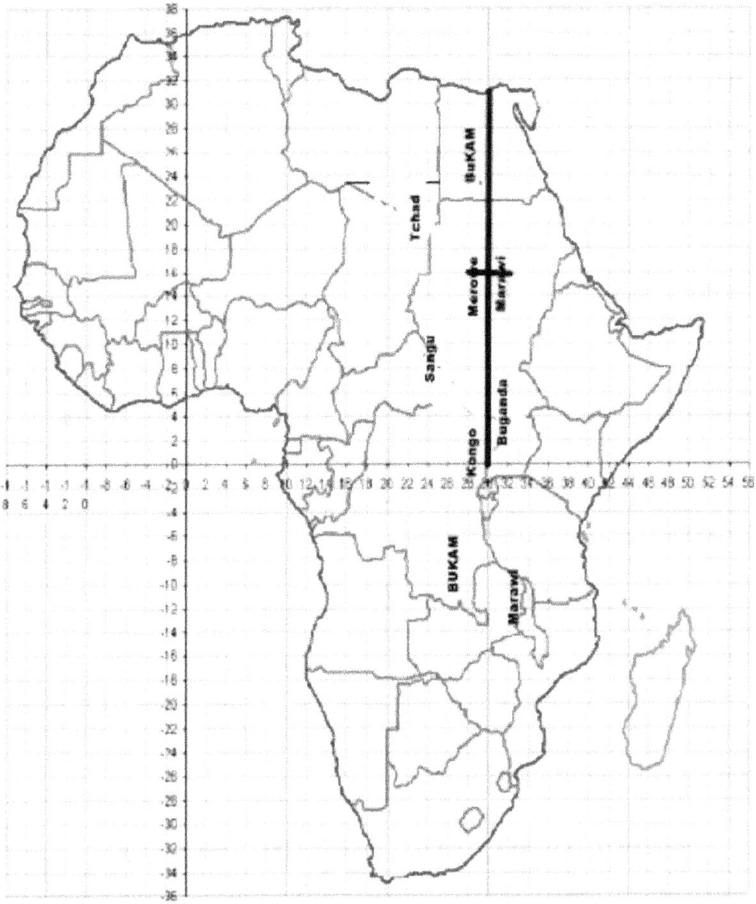

Cifwatulu cia maTunga-Afululuka anyi –Afuluka, cilonda: http://d.krauss.free.fr/documents/Transverses/Cartes/Cartes.htm ne cishintula kundi. Mena ne milongo mifike minene nnyani.

Padi mukalu wa mulu mwikala mBuwa wa buKam ne CiMenga cia Mulohwe, cia CiMamu-wa-Bukalenga cikala Merowe, mukalu wa kwishi udi mulongo wa Mapasa a Buloba, udi mu Kongo, ku mutu kwa BuKama wa Kwishi. Mena adi Kwishi ngatudi kabidi tupeta Kulu nansha mudi ciaLaaba cilwe kukupula mena a bungi a CiKam ne a ciMarawi.

Kadi kipacila ka Cifwatulu eci kavua ka kulesha se: Mifundu eyi ya Merowe idi mikala mifundu ya Afuluka-wa-pa-nKaci, mimanya pa kala kudi Bena Tchad, bakudi ba Nsango, Bena.Uganda, Bena-Kongo, a.n.

Mpindiewu, ndi mushindike, mushadika se bena kwetu, Mwana hsasbbszewtetwa Afululuka, wa Afulaku, mwakudi wa myakulu ya Sha-Ntu. Mwena Musoko wetu, udi kayi mulonga miakulu ya tuBinkalabwa, ne atungunuka ne lwendu mu ditu dia makeba ditudi babwela edi.

Mabeshi aa ndibanza. Kumanya ne ciLuba nciKam, mbushitu bunene, mMwanda wa Dyalu. Bwalu mu ditandula, mu ditobola mwanda ewu, mudi Meeyi, MiKandu ne miKeeshi ya kubenga DidiPotesha, ya kusungila mwana wa MuFike ne Mwana-a-Ntu yonso udibo bashangulasha, bashima ne basubisha lelu kudi tutuntu.

3.9. Bileshelu bia ciKapita mu ciLuba

Tudi bashandula kabidi ne ciLuba cidi ne bulanda ne ciKapita. Mwanda ewu udi ushadika dikala ciKam dia ciLuba. Kadi udi bu udi uswa kwamba ne Baluba mbabande ku mutu wa mayi ne balwa ku mushimi wa Nile kunyima kwa bidimu +400.

Luba	**Kapita**
(i)man	ⲙⲟⲩⲛ
a-Mand	ⲁⲙⲛ̄ⲧⲉ
a-Mwul	ⲁⲙⲏⲓⲣ(ⲓ)
Bal	ⲃⲁⲗ
Buk	ⲃⲱⲕ
Bul	ⲃⲱⲗ
Bwashi	ⲃⲱⲁϣ
Ciam, ciam(e/a)	ⲥ̄ϩⲓⲙⲉ, ϩⲓⲁⲙⲉ, ϩⲓⲟⲙⲉ, ϩⲓⲟⲙⲓ, ϩⲓⲁⲙⲓ [36]
ciman	ⲥ̄ⲙⲓⲛⲉ, ⲑⲉⲙⲛⲓ
Kutum-tem	ⲥⲱⲧⲙ̄
Kam, kame	ⲕ̄ⲁⲙ, ⲕⲁⲙⲉ
Kita, nKite	ⲕⲓⲧⲉ
kunyeny	ⲕ̄ⲛ̄ⲛⲛ, ⲕⲛ̄ⲛⲓⲉ, ⲕⲏⲛⲛⲓ
Lak	ⲗⲁⲥ
Lina, Dina, rina	ⲣ̄ⲁⲛ, ⲣⲉⲛ, ⲗⲉⲛ
Lum	ⲗⲱⲙ
Lume	ⲗ̄ⲱⲙⲉ, ⲣⲱⲙⲉ
Mai, may	ⲙ̄ⲟⲟⲩ, ⲙⲱⲟⲩ, ⲙⲁⲏ
Maw	ⲙⲁⲁⲩ

Muntu-(mu)Lume, Mtu-mRume	ⲙ̄ⲛ̄ⲧⲣ̄ⲱⲙⲉ (ⲃⲁ-ⲣⲱⲙⲉ = ⲃⲁ-ⲗⲱⲛⲧ = ⲃ̄ⲉⲛ-ⲙⲱⲛⲧ, ⲙⲱⲁⲛ- /ⲙⲱⲓⲛ-ⲙⲱⲛⲧ)[37]
Ndi-ku < ni-ku, ni-ko	ⲁⲛⲟⲕ > ⲁⲛⲟⲕ, ⲁⲛⲁⲕ
Ntol, ntore, ntel, ndel, ntal	ⲛ̄ⲧⲉⲉⲣⲉ, ⲛ̄ⲧⲏⲣ, ⲛ̄ⲇⲉⲉⲣⲉ

---

36 Mu ciKapita, ϩⲓⲁⲙⲉ = mu-kash, „mw-Asi“ (lingala),

37 Mu tuboko ndi mufunde ciLuba « *ba-Lume, ba-Lunt, ben-mwnt, mwan-mun, mwin-munt*” cu mfundilu wa ciKapita.

Pesa, pasa, pashe	ⲡⲁϣⲉ, ⲡ̄ⲓϣⲉ
Tao, taw, taat	ⲉ̄ⲓⲁⲧ, ⲉ̄ⲓⲱⲧ, ⲓⲱⲧ, ⲉⲓⲁⲧⲉ, ⲉⲓⲟⲧ
u-mush(a/e/i)	ⲉ̄ⲙϣⲏⲓ; ⲙⲉϣⲁ

Tudi bangate miaku idi ne tunungu tumwe anyi idi yumvuija cintu cimwe mu ciLuba ne mu ciKapita.

Bakudi ne bafundi ba ciLuba ke mbamanye ciKapita to. Bakudi ne bafundi ba ciKapita ke mbamanya ciLuba to. Kadi ciata eci cidi cilesha mBikidilu umwe: Bal, Buk, Bul, Bwash(i), a.n. Mfundilu mwine patudi tumutentulula mu mifundu ya bena-roma, ulwa pangapa umwe:

ci-Luba	**ci-Kapita**	diBala	**Ci-Kam**
Bal	ⲃⲁⲗ	*br*	
Buk	ⲃⲱⲕ	*B3k*	
Bul	ⲃⲱⲗ	*bl*	
mBelo	ⲃⲟⲗ	*bnr*	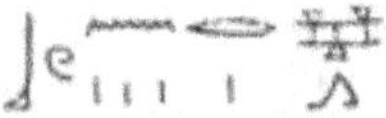
Bwashi	ⲃⲱⲁϣ	*wŠ(w)*	
Buka, mBika	ⲃⲏϭ	*Bik*	
Bika-Kuulu; Buka-Kuulu>BuKol/Bu-Kulu	>	*Bik (Ḥr)*	<

Badi bamba anyi balongesha bana ne: ciLuba anyi *ci-Ba-Ntw* kacitu cifunda, mbena dishima anyi mbapangi. Mu bikondo bicilwalwa, bana ne bikale babeela bibingu. Bwalu mwaku bu "Bwash" ne ⲃⲱⲁϣ udi ulesha bobumwe mu citupa cile.

Kipacila ketu kavua amu bwa kulesha ne: miakulu yetu

mmimana kufunda. Tutu ne wetu mfundilu uvuabo kabayi batulongesha kudi Binkalabwa to.

Ku dianyi dimona, bimpe kwangata mfundilu ewu wa ciKapita bwalu udi ne maleta adi mfundilu wa benyi ewu kayi nao to. Cileshelu: ϣ=, ϩ= **x**, a.n.

Mifundu-Mitobola ya ku mbedi ne yituambuluishe bwa kulongolola mfundilu wa ciLuba mu bikondo bicilwalwa. Pamutu pa CI tudi mwa kulwa kwangata: T̲, Č. SH udi mwa kulwa Š. Tudi balamine C, bwalu udi ulwa mu ngakwilu mikwabo ya ciLuba: *Ki, Ti, Dji.* Pikala muntu uswa kukeba mwaku mu http://www.ciyem.ugent.be, udi ne bwa kufunda C pamutu pa TSCH anyi TSH.

CiKapita ne ciLuba, awo m-mwanda mukwabo. Kipacila ka milongo eyi, ndiandamuna dia ciKam mu ciLuba.

3.10.Mfundilu wa ciLuba mu ciKam - Cil.: Ngandu

Kwamba ne ciLuba nciKam cipia-cipia nkwamba se ciLuba ncifunda ku mbangilu wa fundilu pa buloba, kukadi bidimu bipite pa 6.000.

Mfundilu wa CiKame mmupite mfundilu mikwabo yonso, bwalu udi usungula mifundu idi ilesha kudi dina dilwile anyi tunungu tudi mu dina anyi mwaku ewu.

Cileshelu: Ngandu

	*3d / 3dw*	**N+Adu > ngAndu, g-Andu,** (lingala: gando, nkando
	*3d>oot*	Anda, cy-Anda, tand(a,u); ma-tand(u/o), ku ma-kand, tOnda;
		(kanda > di-kanda = ngolu = bu-kol)

	*3dw*	**ng-Andu**
	*3d*	Anda, Ka-And(a,u); Ta-Anda; Bu-Unda

Padi muntu ubala dina dia “Ngandu”, KaAnde, KaAnda, KaAndu; Ga-Ando, a.n. kayi mumanye ci-Luba anyi ci-Ba-Ntu, kena mwa kudimanyina cidi dina edi dilesha anyi tunungu tudi munda mwa dina edi to.

Kadi padiye udibala mu CiKame  udi ushandula musangu umwene  (ngAndu) udi ulwila kudi anyi udi dina dimwe ne nyama wa  (ngAndu). Pashishe ulwa kuvuluka bushitu bwa mwaku ewu *cyAnda* mu ciLuba anyi mu cyena-bantu.

Cileshelu cikwabo: ne padi muntu ufunda nKulu, nKolo, nKole, mu-Kulu ne cimaninu eci  mubidi udi umuvuayila, umuvuadila. Udi udimanyina ne: ewu nKole-wa-ciLonda, nKulu-ciKomo, MuKakala-wa-Kuyuka, mFumu-wa-lu-Kumu wa kutendelela.

Kudianyi dimona, mfundilu wa CiKame mmupite mfundilu mikwabo yonso idi milonda mifundu-fundu ya anyi bimvundu bia Tunkalabwa.

3.11. Bushitu bwa KaPia mu makeba etu

Kapia mu ciLuba ne mu ciKame, mmwanda wa diteta dikole ditudi bitabe bwa kwenza bwa ku binga bena mpata. Kudi miaku idi itangila "di-Toka" anyi "di-Kunza", minga itangila ngondo anyi mitoto, dinda anyi dilolo, tudi bayitela bwalu idi yonso ne bulanda ne Kapia anyi ne DiKenka.

Batu balongesha ne: mwakulu wa ciKame kawutu ne bulanda ne miakulu ya kwinshi kwa Nyolo, Nyila, ne miakulu bu CiLuba, bu CiKongo, bu CiZulu, bu Lingala, bu Karanga, bu Kirundi, bu Nyororo, a.n. kabatu banji kuteta bwa *kulesha dibenga difwanangana dia miakulu ya Ba-Ntu ne ci-Kam to.* Bwalu mbamane kumanya ne: *Ntw* mu *Ci-Ba-Ntw*, mmwaku umwe ne *Ntw* anyi ne *wntw* wa CiKame.

Milongo eyi idi ilesha ne miaku yetu yonso idi itangila Kapia, CiOta, ciBwa anyi BuKenka, mmilwile ku ciKame. Kulwa ke mmwaku mushalame to, mmiaku imwe: "KAPIA" mmwaku ukadibo bafunde kukadi didimu bipite pa binunu bisambombo (= bidimu 6000).

3.12. Cipeta cindila

Nkadi mwenze Nkongamyaku ya Kapia ne Bukenke mu CiLuba ne CiKam. Kadi nkongamyaku ewu kulwa mabeshi mapite pa 40. Kadi bu muvuabo balomba bwa kupwekesha mabeshi, ne ngimanyine pa bileshi KaPia, bileshi DyAnga anyi DiKenka, bileshi NSese, Luya, Munya anyi Diba. Bileshi mbwena kwamba ne: pawudi utangila nzolelu wa cintu, udi umanya musangu umwe dina diacio, malanda acio ne tunungu twacio. Ne numone ne muntu mukole wa kumusoko udi kayi mumanye kubala mfundilu wa ciLuba wa lelu, yeye mutangile mifundu ya

BaKam, ne apesha bintu ebi mena atudi tubipesha aa too ne atudi bapwe moyo. Pashishe ne alesha malanda a mena aa ne miaku mikwabo ya bungi.

IV.
CyAta cia BiLeshi "Kapia ne BuKenka"

Bwa kumanya Miaku idi ne bulanda ne "Kapia", "DiOsha" anyi "DiKeeka, DiKenka", mbimpe kukeba miaku mifunda anyi ishikila ne bintu bidi bilonda ebi:

Nzoledi ewu kena utamba kulesha bintu ebi bimpe to. Kudi nzolelu mikwabo:

Nzolelu mwisatu, udi wa dikala difike:

Bwa kumuna bimpe cidi bintu ebi bikala, mbimpe kubikwata bididimbi anyi kudimwenenabio pa bimana bia nzubu ne nkita ya BaKam ku BuKam wa manda.

Dilonda dia myaku ne mifundu eyi didi diambulwisha muntu yonso, nansha udi kayi mumanye kufunda anyi kubala ciKam bwa kupatula mu Nkonga-myaku anyi mu mikanda ya baKam, myaku ya bungi idi mitangile Kapya anyi Luya ne Bukenka.

Mulongeshi udi mwa ku konka bana anyi balongi *mena mashilangane* ("synonymes") a ku cintu ku cintu bwa kulwaye ku afwanyikisha ne bipeta bietu bidi mu Biata bidi bilonda ebi.

4.1. KaLeshi 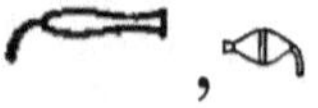 - Bala: *K3p, Kp*

a) *Cintu eci -*  *- mu ciLuba ncinyi?*

Cintu eci mu ciLuba, n*Kapia* anyi ciMunyi-cia-Kapia. Patudi tufunda *KaPia / KaPya* tumbusha maleta-mashikuke, maleshi mbikidilu, tudi tupeta: *Kp* anyi *Kap*.

Twetu balekela mwishi anyi ludimi lwa kapya, tudi tushala ne – *Bunda.* Mbwena kwamba ne cintu eci cidi mBunda-anyi mu-*Bunda-a-Kapya.*

b) *Cintu eci -*  *- mu ciKam ncinyi?*

Lukonko elu ludi luswa kwamba ne: Cintu eci baLongi ne baLongeshi ba ciKame batu baci fundulula munyi? Balongeshi ba ciKame batu bafundulula cintu eci nenku: *K3p, Kp.*

Mu mfundilu ewu, mmbubushe amu maleta-mashukuke, patudi tuabambikila tudi tupeta cinyi? Tudi tupeta Kapi(a,e). Bipeta ebi bidi bipatula ciata eci:

ciKam	***diFundu-lula***	**mBadilu mu ciLuba**
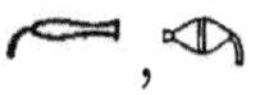	*K3p*	Kapia; Kupia Kam(onyi)
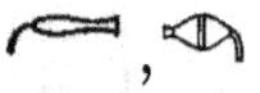	*Kp*	Kapia, Kapia
		Kapepa; Kapupu; Kapepe
		(p↔b)> KaBa; KuBa
		KuPa, kuPePa

Ciata eci cidi cilesha cinyi? Cidi cilesha se: mbadilu wa *K3p* mu ciLuba *Kapia* udi kabidi diandamuna dia *K3p.*

Nansha banaya ne mbadilu wa *K3p, Kp* mu ciLuba, muntu yonso udi mumanye ne wakula ciLuba ne apatule miaku idi ne bulanda ne Kapia:

Kap	kapia; kupia; Kapata (***k3p.t***); cia-/dia-kapia (*k3p.t*)
P3k /Pk*	piaku; iPiKa, PeKu (Pa-iKu); piika; (ma-)piku, peka; mPoku/poko (= poo, bwashi, patoka, nkundulu)

Tuvuluka ne dileta dia P ditu dishintuluka ne dileta dia B. Cipeta cidi:

p↔b	*k3b;kb*[38]	kaba; kuba, kuba-kuba; kubu, kubu-kubu
	B3k; Bk	BaBuka = BaBula. Di-Babuka, ciBabuka; mBabula

Patudi tutangila bimpe, cin tu eci 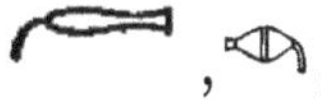, cidi bu mumBunda, bu diKutu, muKutu, bu diKuba, bu ciKapa cia Kapia. Tudi tumona ne ciKapa, diKuba anyi mu ciBya, ncinene cipita Kapia. Kebwalu kayi tudi twamba ne mbimpe kubala 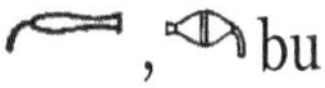 bu *ciKapa-a-Kapia,* bu *ciMunyi-a-Kapya,* bu *ciBya-cia-Kapya.*

Mufundu ewu udi ne mwaba wa kukwata bwa kumona mwa ku Kupa anyi ku Kupisha Kapia. Udi ulesha *CiKapa, nKupu a DiKupa- anyi DiKupisha-Kapya,* mbwena kwamba ne *CiMunyi-a-Kapia.* Bwanyi meme, eci cidi *nKupu-a-Kapya.* Ngwa kufundulula ne: *Kp-K3p* anyi *Kwp-K3p*. Kadi katupu moyo *ciKapa-Kapya* (<***K3p-K3p*****>*****K3p***) to.

---

[38] Bu mutudi tunaya mu ciata eci ne mfundilu katwena twamba ne p3k, pk, t-ḫ /t-š anyi k3b, kb idiku to. Kadi ciLuba cidi citwambila ne: myaku eyi idiku. Katuyi baipete, mbwena kwamba ne: mba ifundulule bibi anyi ba ipwa moyo mu Nkongamyaku ya ciKam.

Dinaya edi didi dilesha ne mbikole bwa mwakudi wa ciLuba kubenga kumvua tunungu tudi mu *Kap.*

Nansha yeye mutungunuke ne dinaya ne *Kp* anyi *K3p,* mu bala miaku eyi: *kapuupa, kapeepa; kapupu, kapia-kapupa; kapia-kapepa, kupya-pepepe, kupepa,* ... a.n., udi amu mu cishengu cia myaku mitangile *KaPya.* Kanungu aka kadi kabidi mu: *Kimpe, Kempa, Kempe, Kapya, Kapia-Kapia,* a.n. Tuvuluka ne Kapia katu kosha-kasukula ka-ntu ka-lwa *Kapya, Kapyakapia, Kempe.*

Mu *K3P*, n-Sha-mwanda udi bu ***–3p*** anyi ***p3, pia***. **Ka**- udi bu kaleshi-mulongo wa *Ka-* ku bumwe: *ka-Pia*, utu ulwa **Tu-** ku bungi: *tu-Pia*[39]. Kadi amu twetu bapete mwaku bu *Pia* mu ciKam ke pa twashadika ne *Ka-* / *K3-* wa mu *K3p* udi kaleshi-mulongo, mufiledi.

Mwena mpata ne amba ne cidi cishadika ne baLongeshi ba ciKame batu ba fundundulula 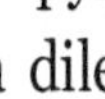 bu *Kap, Kp* ncinyi? Ne cidi cishadika ne batu bandamuna *K3p* bu *Kapia* anyi bu *nKupu-a-Kapia* ncinyi?

Cici dishadika cidi mfundilu wa mu ciKapita: **κωπ** (= 1. Kupya, 2. n-Kupu, ci-Kupu, di-Kupa -Kapya)

Cishadiki cibidi, ndikalaku dia dileta dia K, 3, P mu mfundilu mikwabo ya ciKame: 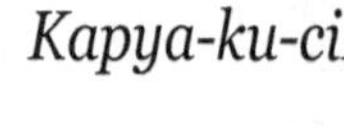. Mfundilu ewu *K3p* + udi ushadika ne baKame mbafunde: nKupu-a-Kapya anyi *Kapya-ku-nKupu, Kapya-ku-ciKapa, diKuba-KaPya, ci-KuPa-Kapya.*

---

[39] Tudi mwa kuteka KaPia ku bungi, kadi mu buLuba, mu ngakwilu kabatu bakateka ku bungi: temesha Kapia; twa Kapia; osha Kapia, a.n.

Mwena mpata ne amba se: nansha mu  , meme ke udi ubala maleta aa bu **K, 3, P**. Ne akeba mbadilu wa Champollion ne bakwabo batu kabayi bamanye ciLuba to.

Kadi mpata eyi idi ishika bwalu tudi balonde mfundulwilu ne ngandamwinu wa Gardiner[40]:

5 [1] censer for fumigation [2] (after O.K. doubtless misunderstood)

Ideo. or det. in var. Pyr. [3] *kꜣp* 'fumigate'. Hence phon. *kꜣp*, ex. var. [4] *kꜣp* 'harîm', 'nursery'; *kp*, ex. [5] *Kpny* 'Byblus', a town in Phoenicia.

[1] Ex. Dyn. XVIII, *D. el B.* 139. The same form, but reversed, already Dyn. V, *Saqq. Mast.* i. 21. Sometimes in Dyn. XVIII somewhat resembles a wrist and hand, exx. *Two Sculptors* 8; *Urk.* iv. 997, 6; later interpreted as a claw. [2] *ÄZ.* 50, 66. [3] *Pyr.* 184. Sim. *ib.* 803. [4] *Urk.* iv. 997, 6. Sim. *kꜣpw* 'crocodile', *Pt.* 262. [5] *Urk.* iv. 535, 6; *Sin.* R 53.

6 [1] O.K. form of last

Use as last.

[1] *Ti* 132, over a scene of fumigation.

7 [1] bowl for incense with smoke rising from it

Ideo. or det. in [2] abbrev. [3] *sntr* 'incense'. Also as equivalent of O.K. W 10* (=Pyr. Aa 4) in [4] var. [5] *bꜣ* 'soul'; also in *bꜣ* 'ram'.[6]

[1] See *Hier.* p. 43. Depicted *Meir* iii. 17. [2] *Urk.* iv. 943, 12. [3] *Paheri* 5; *Urk.* iv. 914, 9. [4] *Urk.* iv. 114, 3. [5] *Urk.* iv. 945, 2. [6] *Wb.* i. 414.

Tudi mwa kufila kabidi cileshelu cya Hannig[41]:

---

[40] GARDINER; muk. mut., dib. 501, dileta R 5-6.

[41] HANNIG, muk.mut., dib. 1075, dil. R 5-6.

"R 5 Räuchergerät
Phon: *k3p*
Phon: *kp*
Log/Det: *kap* räuchern
R 6 Räuchergerät (aäg. Form)
[wie R 5]"

Munda, pa dibeshi dia 875, tudi tupeta ***k3pt*** „Feuerung", mbwena kwamba ne: *Twa-Kapya; diTwa-Kapia, ciTwa-Kapya.*

Mubadi yonso udi umona ne ushadika se: katuvwa bafwikakashe mbadilu wa *K3p* bwa tuvua kwamba ne ciKam nSha-ciLuba to. Tudi balonde ndongeshelu, mfundulwilu pamwe ne ngandamwinu wa mu Bilongelu Bikulu bya ku mPutu.

Mu Ndongamwakulu wa Gardiner, mmwambikila tunungu tukwabo anyi myaku mikwabo idi ne *K3p* munda. Myaku eyi idi kabidi mu ciLuba:

Kapa (*k3p*) =	-Pangu (*P3k*)
ci-Kapa (*k3p*)	ciPangu = luPangu lwa pamPenga
Ci-Paka (*p3k*)=	Kapa = Pangu = Penga
Paka 0	Ela mu ciShengu, mu dibuki, mu diBoko, mu mPangu, mu ciTupa.
(m-)Pangu =	sela bangu

CiLuba cidi citulesha ne *k3p* udi ne bulanda ne *p3k* pamwe ne *pḥw* anyi *pẖr*.

Bu mudi **KaPya** wenza ku bungi **TuPya**, ntaku udi: **Pya**. Mbwena kwamba ne ciLuba cidi ditulongesha ne mu k3p, ntaku wa mwaku udi: ***P3*** ou ***3p***.

PA anyi **Ap** ewu udi ulwa mu PeePa, PuPa. Cine cintu eci , 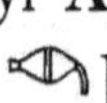 bu mu ngaleshi kuulu eku batu bacibikila kabidi mu ciluba ne: *mPeepu, mPeepo*, kubukese anyi dialangata kalongo ka kapya: *ka-Peepa; ka-Puupa; kaPeepe.* Mu ciLuba batu batamba kwamba ne: *KuPya-Pepepe* bwa kumvwuija ne Kosheka anyi Kosha ne Kapya anyi Luuya lukole. Mu Yakoma: mPepo. Mudi mwaku ewu mwikale ne kanungu ka lupepela munda, udi kabidi ne bulanda ne buKepu.

Pa udi kabidi ne bulanda ne *Puya, Pwya.* Bimpe kuvuluka ne kipacila ka diKupa-dia-Kapya anyi ka diPeepa-Kapya kadi kabidi dipambula, dipemba dya mupuuya, dipembu anyi nsunga.

Tudi tushiba mufundu ewu  ,  bwalu kipacila ketu ke dialula mwaku wa *K3p* ne mivu anyi malwa ayi mu ciLuba to, kadi ka kulesha Bileshi-Kapya anyi Bukenka. Ndi mpita ku Bileshi kapya bikwabo.

4.2. KaLeshi:  -Bala: *D3; wd3*

a) *Cintu eci*  *mu ciLuba, ncinyi?*

MuFundu ewu mu ciLuba udi ulesha : *mw-Endu, mw-Inda; Twa-Kapya; -nDeya; ciMunyi, ciEnge; ciTwa (Kapia); ciKeka, ciBwa, a.n.*

b) *Cintu eci*  *mu ciLuba, bafunduludi ba ciKame badi bacifundulula munyi?*

Badi bacibala bu: *D3* anyi *wd3*? Mfundulwilu ewu udi upatula mu ciLuba bipeta bitudi balakasha pa ciata eci:

KaLeshi	Fundulwilu	Mbadilu mu ciLuba
	*D̠3; wd̠3*	Endu, Inda, Ndu > mw-Endu ; mw-Inda[42]
	*D̠3*	Too (>toka, tooka, tookesha; citookesh)
	*D̠3*	Ndeya >Ka-Ndeya[43] ; Tu-Ndeya
	*D̠3(D̠3)*	> DinDa; CyaCia; Totu (>mu-tôtu)
	*D̠3(D̠3*	>Danda; nDanda (= busu; bususu)[44]
	*D̠3(D̠3*	Tonda
	*D̠3(D̠3*	>mu-DuDu > mu-LiLu > mu-DiLu
	*D̠3; wd̠3*	Anda (=kuma nkuba)
	*wd̠3*	Twa (mu-dilu); ci-Twa (kapia), di-Twa (kapia); Dia (=kola); twish[45]
	*(s-)D̠3*	Ndeshi; Ndeeshi; Ndesha

42 Mw-enDu, mw-inDa, ndina dia cileshi eci  mu ciluba.

43 Mwaku ewu ke musomba to. Bena Roma mbadi bawangacile kutudi.

44 Vuluka ne Ndanda utu moTooka-too.

45 Mu ciKam: *śT3*. CiLuba cilesha: *T3ś*. Kadi katupu moyo : Cyatwa, CyTu(a), Cita ; dyasa (kapia).

	*wḏ3*	Ota > diotesha, cyotesha; cindesha[46]
	*wḏ3*	Nda > di-Wnda; v-Unda; dy-Enda); Ndu (=tanta, kola)
	*wḏ3*	Undu, Unda >Lunda; Lundu-la; Lundu-ka; kUndulu ; Dy-Unda (< *wḏ3.t*) ; di-DyUnda
	*wḏ3*	Ndombu ; ndamba
	*wḏ3*	BanDa (w>b) ; mu-BanDu; ka-Banda
	*wḏ3*	Tuwa (di-Tuwa dia Kapia, di-Cywa)
	*Ḏ3(Ḏ3*	Tandu (bu-Tandu; mu-Tandu)
	*wḏ*	> ndondu[47]
	*wḏ3*[48]	Ci-Anda (kapia ka cianda); Lw-Anda
	*wḏ3*[49]	>mw-oTo uBanda; Tumba; Tumbi, Temba

[46] Diotesha, cyotesha; cindesha, a.n. di-/cidi :  = *śḏ.t*

[47] Cyotu cia Mashi; BuLunda bwa Mashi.

[48] Maku ewu udi bu udi mu : 1. Ma-alu; ma-Adu; 2. mw-Anda et 3. Dy-Alu. Kudi bulanda pa Mwanda ne Mwendu anyi Mwinda. Tuvuluka ne kwamba bwalu, nkubwela patoke, kubupatula, kubwela pa lwanda. Udi kabidi bu udi mu –Onda (4) ne 5. mw-Adi (cisumbu cia mici ya kapia milamina mu nzubu).

[49] Maku ewu udi bu udi mu : 1. Ma-alu; ma-Adu; 2. mw-Anda et 3. Dy-Alu. Kudi bulanda pa Mwanda ne Mwendu anyi Mwinda. Tuvuluka ne kwamba bwalu, nkubwela patoke, kubupatula, kubwela pa lwanda. Udi kabidi bu udi mu –Onda (4) ne 5. mw-Adi (cisumbu cia mici ya kapia milamina mu nzubu).

		Vunda, di-vunda

Udi muswe kulondakasha mbadilu ne ngandamwinu wa Gardiner atangila mulongu **U**, dib. 519:

28  [1] fire-drill[2] (Dyn. XVIII)

Cf.  [3] *ḏꜣ* 'fire-drill'. Hence phon. *ḏꜣ*,[4] exx.  *ḏꜣi* 'ferry across';  *ḥꜥḏꜣ* 'pillage';  *ḏꜣt*[5] 'remainder'. Abbrev. for *wḏꜣ* in the formula  *ꜥnḫ wḏꜣ snb* 'may he live, be prosperous, be healthy' (§§ 55. 313). In group-writing (§ 60)  or  is phon. *ḏ*.[6]

[1] Exx. *Puy*. 9; *Th. T. S.* iii. 26, 6. [2] *Hier*. p. 50. [3] *Sh. S.* 54; see *ÄZ*. 43, 161; 45, 85. [4] Reading partly from varr. of *ḏꜣḏꜣt* 'council' (*Pyr*. 309. 1713), partly from Coptic equivalences, ex. ⲟⲩϫⲁⲓ = *wḏꜣ* 'be hale', 'sound'. [5] *Wb*. i. 404, 2 accepts *wḏꜣt* as the N.K. reading on the evidence of L.E. variants, see Spiegelberg, *Rechnungen aus der Zeit Setis I*, p. 40; but the relation of L.E. *wḏꜣt* to older *ḏꜣt* may be like that of L.E. *wsḫ* 'breadth' to O.E. *šḫw*, and *Wb*. v. 517 is probably right in taking *ḏꜣt* as the M.E. reading. [6] Burchardt § 150.

29  [1] O.K. form of last (also common later [2]) Use as last.

[1] Dav. *Ptah*. i. 13, no. 287.

Mwaku udiye uba amu D3 udi mufunda bu: "Katwa-muDidu/muDilu" (*ḫt-ḏ3*), "Twa(kadidu > kadilu)".

4.3. KaLeshi :  -Bala: *T3*, *Ḫt*

KaLeshi aka  mu ciLuba kadi: *di-Tua, diTua* > **Tuwa.** Kadi tulonda nshila wetu wa cibidilu:

= Twa = mu-Toto[50]; ci-/di-/i-Lung(u,a); Dung(u,a); Cy-Atu; Tung; Tang(a,i)	*T3 = ta*	
= mfuulu >[51] ciFudi; mFudi; ciTudi; Cyota (>Ciotesh); di-Tanda (> ci-Taata !)	*T3*	
= di-Bwa (dia buTudi anyi buFudi)		
Ta, too; oTa	*Ta*	
Ta > buTa (=cingoma)	*Ta*	
>Tala; Tula (*t3 r* ?), muTalu	*Ta*	
Twa > Twa, Cyua ; Tuwa ; Tua (di-/ma-Tua); Twa > Twisha; Twishila	*Ta*	

[50] Mu-Totot / tooto, ndina dia ci-FwAdi / -vwAdi eci cia dima diosha ne cikala ne cibwikidi(). Bena Kabwe ne Mikalayi badi bavuluka Bidia-bia-miToto; Bidia-mu-miToto.

[51] Mu mikanda ya mwakulu badi babikila 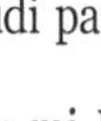 ne: mfuulu. Kadi pikalabio nanku, tudi tushala ne tunungu etu: Fwadi, mFudi pamwe ne Cyota, ne di-Tanda. Kaleshi aka , nCyota citu cikunzisha bi-Tata; mi-Londa; nKanu, n-Tenda, bi-Amu. Ncibucilu cia Kapia anyi Luya. Mu ciLuba cia baFudi = ci-/di-/i-Lung(u,a); Dung(u,a); KaLunga.

Mu-bunda; mu-mbunda (wa mwishi)	*Ta*	
*Ḫ*ioTa, hyoto, ngoota; ciota; kota; kete[52]; kut(a,wa)-kapia; kenda	*ḫt*	
Ngoci, nGota(e); Kiota; Ciota	*ḫt*	
(*t-ḫ* >)Dung(u,a,o); DiLung(a,u); Tenga; Tonga; Tung; Tang		

Gardiner udi wamba ne udi ulwa kabidi mu myaku ya tunungu tukwabo:

	t3	"be hot"	**Ta**, oTa, ci-**oTa**
	Št3	"difficult"	**sheeta**, shotu
	Št3	"mystérieux", caché	**sheeta** > mu-shyeta, ka-sheta; **shita**
	t3	"difficult"	**tata, tatu** (lu-tatu, ma-/di-tata

Gardiner kavwa mu manye ne uvwa uya wandamuna ciLuba to:

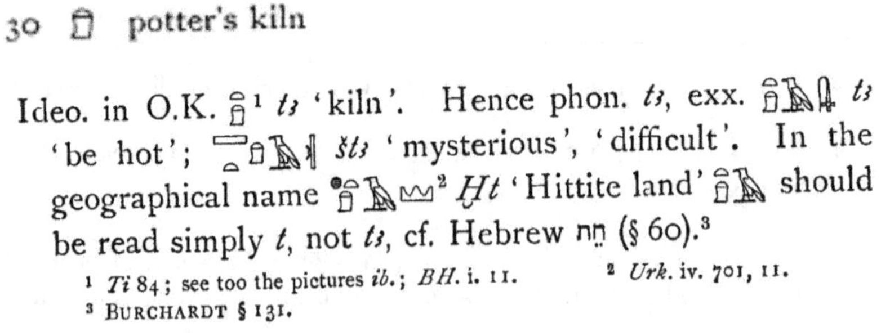
30 potter's kiln

Ideo. in O.K. [1] *tꜣ* 'kiln'. Hence phon. *tꜣ*, exx. *tꜣ* 'be hot'; *štꜣ* 'mysterious', 'difficult'. In the geographical name [2] *Ḫt* 'Hittite land' should be read simply *t*, not *tꜣ*, cf. Hebrew חת (§ 60).[3]

1 *Ti* 84; see too the pictures *ib.*; *BH.* i. 11. 2 *Urk.* iv. 701, 11.
3 Burchardt § 131.

---

52 Katupu moyo ndungu wa « Nketu », « Nketo » to, udi biende osha.

Katupu moyo ne diTua/Tuwa batu badibikila kabidi ne di-Fua > di-**Fuwa** to. Bwalu dikala dimwe dya **Tua, Ṯua** ne Fua, didi dishandula bulanda pankaci pa *di-Tua* ne *di-Tula, di-Fula, mFudi, Fwadi.*

4.4. KaLeshi:  -Bala: *Snṯr, B3*

= Ci-Balu (cia kapia); ci-Badilu; ci-Badi(shi); mBadilu; kaBala; kaBila; ci-Bala		
= Ci-Bya; Ci-Bwa; Ci-Bwi; Twa-ciBwa		
= Babula, Bambula; Bandila, Bandisha; muBanza; muDwa		
Shandula, shindula, zindula; shondwela; shindulula	*Snṯr*	
Ntole-ntole; Ntola-ntola; Ntolesh; Ntodi > Ka-Ntodi-ntodi; Ntudi(sh); tendula, tandula (*nṯr.t*)	*Snṯr*	
Sendula; Nsenda; Sentedi	*Sntr*	
Ba, Bwa; ci-Bwa; Aba; KaBa; LaBa; MeBa=MoBo; diBa	*Ba*	
ci-Bia cia Kamonyi; Kam(onyia)	*Ba*	
Baba; Baaba; Boba; Bobesh; pia-boba; babala; babula		
Bala > dibala, mbadilu; Bàla >muBalu, balakana	*Ba<-r>*	
>Bemba; amBa; imBa		

>Mw-aBi (=muToka)		
(b/w)> -w3, -wai, -oi > mw-oyo ; mw-oyi ; mw-wya ; mi-inya[53]	*B3i*	

Mu Gardiner mudi kabidi wa „soul“:

7 [1] bowl for incense with smoke rising from it

Ideo. or det. in [2] abbrev. [3] *sntr* 'incense'. Also as equivalent of O.K. W 10* (= Pyr. Aa 4) in [4] var. [5] *b3* 'soul'; also in *b3* 'ram'.[6]

[1] See *Hier.* p. 43. Depicted *Meir* iii. 17. [2] *Urk.* iv. 943, 12. [3] *Paheri* 5; *Urk.* iv. 914, 9. [4] *Urk.* iv. 114, 3. [5] *Urk.* iv. 945, 2. [6] *Wb.* i. 414.

Mwaku ewu **„Ba“, „Bau“** udi mu ciLuba mu **„Fwa“, „Bafwa“** ne mu **„badi, babadi, Fwa, Vwa“ (**=ikala, dilwa. Cil.: mvwa, mbadi; uvwa, ubadi**)**. Udi kabidi bu udi mu Ka-m-Bo > KamBu, Gambo, Kambwa (*Ka-m-Ba*), nGomba, kadi Kambu udi bu udi ne bulanda ne *Gb*.

Tuvuluka ne muci wa „Kamonya“ utu ne bimuma bia –„Pafu, mPafu, mBafu“ anyi mPatu, mPaci. Katupu moyo muci wa ma pembo, dina ne mu mBafu to. Kamonya ne mBafu/ mPafu bidi biambulwisha bwa kufunda *Bafu, Bafwa*, bakadi ba Bamba, ba diBomba nansha bobo ba Bemba, ba Bumba anyi ba diBomba mu bula. Mbafwa kale, kadi moyo wabo udi **omBa** ku tu **ngomBa**.

---

53 Bafunda ne Nyunyi wa mu mayi ne mu cisense: –Owa > Cy-Owa, Bioa, Bi-Owa; Nyunyi udi Owela >Mw-wyelu; Di-eYela. Mwaku ewu udi bu udi ne bulanda ne Luya : r-bai > r-wia > Luuya (*rw-b3i, r-b3i*, anyi *rᶜ-bai*). Mvwa kabidi mupeta dina edi: Bemba-Ciowa

4.5. Kaleshi: -Bala: *ḫt, sdt, rkḥ, t3, psi, 3bw, srf, nsr(sr), nśr*

Bungi bwa mbadilu anyi bya myaku idi yenda ne  budi bulesha ne, eci cidi kaleshi ka cikuma anyi ndeshi munene wa Kapya, Luya ne Bukenke. Kaleshi aka kadi kapingana mifundu anyi tuleshi kapya tukwabo twa bungi. Bintu bu di-Tuwa, muntu kayi mu dizolelabi anyi kayi mu dimwenenabio, udi mwa kutupakana.

Kadi apa tudi tumona kapya kateema kabanda mu mbabula anyi mu mwendu ne kela miishi ne ndimi mulu. Mufundu ewu udi ulesha malu kabukabu ne ubikila mu mutu mwanyi mena mapite bungi:

Ta, oTa	*T3*	
Twa (kapia)		
> Kapa-Ta > Kapata	*Kap+T3*	
(p↔b)> di-KuBa-KuBa		
Ciot(a,e,o) ; xiota, kioto	*ḫt*	
Kot, Ngot	*ḫt*	
Pish(a,e); mPish(a,i)	*psi*	
Toka, nTook(a,e) > Tokesh	*Tk3*	
BuTuka (<Butu); bidiKita (<Kita); Taka (>buTaka, diTaka, Takataka)	*Tk3*	
Tanga (< Ta-n-aka), Tanyika (Ta-n-ika), ci-Tangi; (CyAnku! CyOnku)	*Tk3*	

Lukeka, lukeke; luKenka, luKenk; diKeka	*rkḥ*	
Lakuka; lakulaku; lukuka	*rkḥ*	
>muLak(a,u)	*rkḥ*	
(h↔p)[54]> LuaKahi(e,a)		
Lukang; Nkang	*rkḥ*	
(r↔n) Nanguka		
Kalanga; Kalenga (<*krḥ*)	*(rkḥ>krḥ)*	
Kalung; Kalong; Kirung (<*krḥ*)*;* kulunga	*Krḥ< rkḥ*	
Kalungula	*Krḥ-r*	
Kahila (Kapiila, Kashila): Koshela	*(Khr)*	
Kangila	*Kḥr< rkḥ*	
Lukeke, Lukeka; Lakuka, lukenk; Lukuuku	*rkḥ*	
KaLuya; Ku-Luya < ka-Luhy(e,a), ka-ruhy	*Krḥ*	
Aba, Iba; ciAba, Bwa (ci-Bwa)	*ʒbw*	
(w↔b)> Boba; booba; Baba (>babish) Buba;	*ʒbw*	
> KaBa; LaBa; Bowa (= muShipu)		
>Babula; mBabula	*(ʒbw-r)*	
Amba; -mbu; Imba; Imbi, Umba, Emba;		

[54] Vuluka dipingulukangana, dikala dimwe dia P ne H (P↔H) mu CiLuba: Pepa ↔ Heha; LuPePele↔Luhehele

Omba. > mwImbi, mwEmbi; Bimbi; shImbi (=diKala)[55]		
Pemba (p/b, w/b)	*ʒbw*	
Apw (p/b)>mw-Apu (=ci-Fwadi, ka-Samba)	*ʒbw*	
> Lamba (ci-/ma-/di-Lambi; mi-Lambu); LumBa	*(r-ʒbw)*	
< Lambilu, lambila, nDambilu, ciLambilu; diLambula	*(r-ʒb-r)*	
Baba-la; Babash(a,e)	*Br, bs*	
Fish(a,e); Pfish(a,i) < Pisha	*fś(i) < psi*	
Sasa > mi-Sasa; mu-Sase; nZazila↔ nZajila	*srf*	
Fishil >Pishil, Pfishil; pwishil (< *fsr*)[56]	*srf*	
Pooshela; piishila; Vwadisha	*srf*	
Lupishi (< *r-psi* > *r-fś*)		
Nshiila, nushila, nooshila; ngooshila	*nśr*	
Sonsola, sonsolola, sasula, soosola; nsonsolu, (ci-/ka-)sosolu; (ci-/ka-) sonsodi	*Nsrsr; nśrśr*	
Nshilashila, nselela,		

55 Ndi mwangate mbikidilu ya Kapia, Luya anyi Munya, kadi katupu moyo dikala dia mu: 1. nKwEmBa ne 2. KamBu, KamBwa

56 Ndi mushintulu "mfundulwilu" anyi "mbadilu".. Miaku ya bungi idi ilama Tunungu twayo mu diibala batangile ku dia balume anyi ku dia bakashi. Tuvuluka ne *rkḥ* udi mulame mu ciLuba tunungu tonso mu nshintulwidi yende yonso (*rkḥ*, *ḥrk*, kḥr, *ḥk*r).

Nshidish, shidisha (n+r=d)	*nśrśr*	𓊮
Salala; nsalala; sasalala	*Nsrsr*	𓊮
Sansalala; sanzala		𓊮
Lusanzu, lusanzu, nsansu (kapya ka lusanzu)		𓊮
nosheshel; Losheshel(a,e) <noshel; Shila	*nsrsr*, *nśrśr*	𓊮
>nsulusulu, ci-sulusulu; nsululu	*Nsrsr*	𓊮

Mwa Gardiner 𓊮 udi ku cisumbu cya bintu bya mu nzubu ya bafwe ne ba moyo, bintu bidibo benza nabi mudimu mu nzubu yonso:

7 𓊮 brazier with flame rising from it [1]

Det. fire, exx. *ḫt* 'fire'; *sḏt* 'flame'; heat, exx. *rkḥ* 'heat'; *tꜣ* 'hot'; cook, etc., exx. *psỉ* 'cook' (§ 281); *ꜣbw* 'brand'; torch, in *tkꜣ* 'torch', 'candle'. Also abbrev. 𓊮 [2] for *srf* (*śrf*) 'temperature'; 𓊮𓊮 *nsrsr* (*nśrśr*) in [3] *'Iw-nsrsr*, a mythical locality.

[1] *Meir* ii. p. 34. [2] *Eb.* 24, 6=46, 10. [3] See the varr. NAV. 110, 17. 19.

Dituku dyonso, bantu badi dishinga ne Mwendu, ne mBabula, ne ciKalangi, ne ciTokeshi, ne ciPisha anyi ci Pishisha. Luya lupita, batuka nsulusulu.

4.6. KaLeshi: , 𓅜 -Bala: *3ḫ*

Nyunyu ewu 𓅜 badi bamubikila kudi Gardiner se: "crested ibis (*Ibis comata*), bamubikila kudi Lefebvre se: "Ibis à aigrette". "Aigrette" mu ciLuba udi mu-**Tenga** /-**Tenge, nTenga** ne "Ibis" udi: **Dinga** (mu-/mi-Dinga). Batu bamu bweshakasha ne mu-**Kwekwe**/ **-Kwekwa,** di-**Kwakwa** "Pélican", nyunyi mushilangana ne n**Duba** anyi mu**Keka.** Mu Malu a Kale, a mfuminu, ne mu mianu, utu ulwa mukwa-**DyAnga**, Ka**Lunga** anyi mu**Shang(i,a,u).**[57] Mena aa twetu baswa ku afundulula bilondeshele mbadilu wa ciKam tudi tupeta: *t-3ḫ, 3ḫ-t* anyi *3ḫ*, pamwe ne: *r-3ḫ* "linga", *n-3ḫ* "nanga; ne-a-anga", katupu moyo *–Aka, eKa, -iKa.* Tudi tumona kabidi bulanda ne **–Tanga**, *-Tengu, nTengu.*

Kadi nyunyu ewu mu kiLuba udi bu: nKangankanga, -nKanga. Mu ciLuba, nKanga, diKangala anyi nKelele udi: "Pintade", mwanabo ne nZolu. Munga udi Nkwadi, Nkwali "Perdrix".

Nyunyu ewu 𓅜 mu-Dinga-a-nTenga udi utwambulwisha bwa kufunda:

(=mu-Dinga; nTenga; -Teng(a;e); -Kwekwa; -Kek(e,a); -Shang(a,i,u); dy-Anga	*(3ḫ3ḫ)*	𓅜
Aaka (= Tema, oSha); mw-Ika; mw-Aka, mw-Eka, yAka(=twa kapia); aakisha (=Teemesha); Aka (=nSese); kw-Aka	*3ḫ*	𓅜
Aka (=cidimu, cikondo, dîba)	*3ḫ*	𓅜

---

[57] Ku miakulu ya Luba-mu-Sanga, tudi tupeta: Angangi, Wanga, Wangangi, Shungushungu, Shing, Nyangu, Nyanga, nAnga, a.n.

Aku (>mw-Aku; Aku-l-; mw-Aku-Lu)	*(3ḫw r)*	𓅜
Anga; Ong; Ung; Aaka; Iku; Iko; Esh(i,a)	*3ḫ*[58]	𓅜
Enga > Engesha (*s-3ḫ*), Engelela / Engulula	*3ḫ* (*irr*)	𓅜
Bw-Anga (=munya/ diba dioshabikole; DyAnga dikole)	*3ḫ*	𓅜
Mw-Eshi; Mw-Esha; Kw-Eshi; Maa-Eshi =Mawesha; Ma-Eshi = MeEshi	*3ḫ*	𓅜
Di-Anga; di-iKu; di-Kenka; ciOngo (a-min-Anga)	*(3ḫ.t)*	𓅜
Tanga, T-Anga, Ta-Anga = Tangila; Tanga = diBa; Tongo[59], T-Angu	*(3ḫ.t)*	𓅜
Engu (*3ḫw*)>Teng(u,e,a) [*t3-3ḫ.t* ?]	*(3ḫ.t)*	𓅜
nKanga; Kank(a,u), Kenke; Keka; Bu-/di-Kenka; ci-Nkenka; Ci-Ngenga; Engesha; ciKeka	*3ḫ3ḫ*	𓅜
Kenkenke, Ngengenge, nKankanka [60]	*3ḫ3ḫ*	𓅜
1. Cy-Anga (=masha a di-sAngala, a mu-sAngelu); 2. cy-Anga□lu-Anga =ci-sululu	*3ḫ.t*	𓅜
Ci-Eng > CyEnge; Ci-Anga > CyAnga	*3ḫ.t*	𓅜

---

58 CiLuba cidi ne tunungu tonsdo twa 𓅜, tudi tutangila DiAnga, NKAnga, Kenka, Kweshi ne tudi katuyi tutangila BuKenka.

59 Katupu moyo Tengu; nTenga = cibwelelu, cipwekelu dia Diba

60 o Muunya mupite bukenka; munya a ci-bAnga-bAnga.

Lu-Anga; L-Onga; L-Unga (< r-3ḫ > *rḫ);* lungula	(r-)3ḫ	
R-Ang>L-Ang; L-Eng(e,a)		
Mw-Eng(e,a,i); Mw-Ang(a,e,u)	*m-3ḫ*	
N-Anga; Ny-Angu, Ny-Angwe	*n-3ḫ*	
Nangula, Nangila	*(n-3ḫ-r)*	
s-Enga, s-anka, sanga-la, sangelu	*s-3ḫ*	
Di-Onga, Dy-Enga, Cy-Engedi		
>kenkesha; dikenkesha	*3ḫ3ḫ*	
>di-nAnga; cy-Anga; cy-Ong(o,a);	*(3ḫ.t)*	
>Tu-Shangi; Ba-Shangi > Bashani		
>ci-Kuku[61] (cia ku-ipika; -ipik-ila)	*3ḫ3ḫ(.t)*	
Dunga; Dung(u,i); DiLunga; diLung-lung (r-*3ḫ3ḫ<.t>);* Ilunga; Rung(u,a)*3ḫ3ḫ(.t)*	*3ḫ.t*	
CiLunga, DiLunga	*(r-3ḫ.t)*	
Ta-Anga, Ta-angu> Tengu, nTenga[62]	*3ḫ.t*	

[61] Mwaku ewu ke mmusomba to. Udi ne malanda mangi: ci-/bi-Kuku; nzolo wa ciKuku; muKuku, Kwekwe; muKeke, Kwakwa, a.n.

[62] Ku muBandu ne ku ciBwelelu, cipwekelu dia Diba

>Tengu (ya buloba) = Dyala dia buloba/diba/nsubu = muKalu	*3ḫ.t*	

Tuvuluka ne Dyanga, Cyanga, Cyongu, Cyeng(a,e), Maa-Esha > MawEsha, Mw-Esh, Mw-Eng(a,e), Nganga, Bu-Anga, a.n. myaku minene. -Ang-, -Eng-, -Aka-, -Esh-, nsha-mianda ya bikuma mu ciLuba.

Gardiner udi umvwisha Kaleshi aka mu mulongo **G** (wa Nyunyi) nenku:

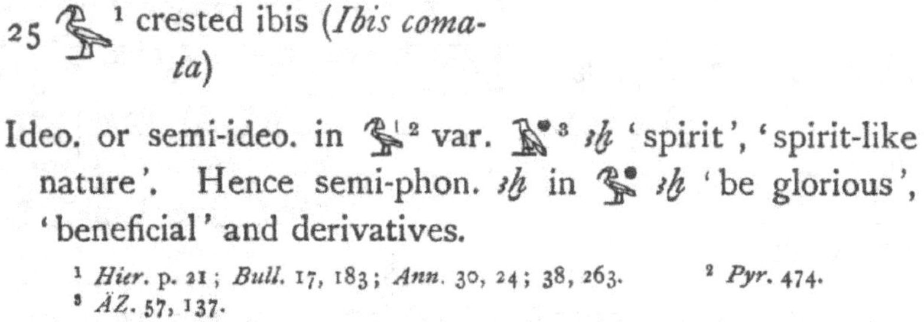
25 [1] crested ibis (*Ibis comata*)

Ideo. or semi-ideo. in [2] var. [3] *3ḫ* 'spirit', 'spirit-like nature'. Hence semi-phon. *3ḫ* in *3ḫ* 'be glorious', 'beneficial' and derivatives.

[1] *Hier.* p. 21; *Bull.* 17, 183; *Ann.* 30, 24; 38, 263. [2] *Pyr.* 474.
[3] *ÄZ.* 57, 137.

4.7. KaLeshi:  -Bala : *B3*

Nunyi ewu  wa 29 mu mulongo wa mifundu anyi bileshiwa Gardiner, nyunyi kayi? Gardiner udi wamba ne "jabiru" (*Ephippiorhynchus senegalensis*)". Lefebre ne: *"Grande cigogne appelée 'jabiru"*. Nyunyi ewu dina diende didi: **-Owa**, ku bumwe: **Ci-Owa** ne ku bungi: **Bi-Owa**. Yeye –Owa utu ulwa kabidi –**Bwa** ne upatula Nyunyi wa *Bwa-Bwa-Bwa*. Udi mu myaku eyi: **ciBwabwa**, **Baba** = a mBedi.

Kadi ci-Owa katu mutu mutupu to. Mutu ewu ngwa **luButa** lutu ludila: **Bwa-Bwa-Bwa**.

Tudi bapeta kabidi: Kam**Ba**, KamBa-Kamba, Kam**Ba**m**Ba**. Nyunyi ewu udi wa cisa cia **di-Bata** anyi **diBa**.

Kadi **-Bwa** anyi **–Ba** udi upatuka kabidi mu divuluka dishintuluka dia w↔b mu mpata ibidi ya Lwalaba. Mu mianu udi **Kasonga-Mule.**

Mbikidilu wa nyunyi ewu udi upatula myaku eyi:

Buta, (lu-, ka-)Buta. Nyunyi wa Bwa-Bwa-Bwa; Ba (ka-Ba ka nyunyi; mu-Ba; bu-Ba).	*B3*	
BoBa		
Ba > **diBa** (nyunyi); **DiBa** (dia mulu)	*B3*	
Ba (diKala) >-Badi (m-,u-,tu-,nu-,ba-)		
-Ba (= kapia); Be (=Bonga, kunza); ka-Ba	*B3*	
Ba > Be, Bo (= -Kola, Kole)		
Baba; Bemba; (b/p>) Pemba	*B3*	
Babu (ludimi lwa Kapya); BoBa; BoBe; BeBa	*Ba.w*	
Babala; Babasha; Babula, mBabula		
Bal(a,e); Bala-Bala; diBala	*B3 r*	
LaBa, LamBa, LeBa	*r-B3*	

LwaBa; Lo-Ba = La-Ba; Lu-Ba	*(ra-/rw)-Ba*	𓅡
iBa; aBa	*(i)B3*[63]	𓅡
>umBa > TuUmBa; LaAmBa; Tum-Ba; Tem-Ba; Tum-Bi	*B3*	𓅡
ImBa > mw-imBi, mwemBi, bi-Mbi; bemBi	*(m-/im-) B3*	𓅡
Bwa >Kam-Bwa[64]; KamBa; Ka-Ba; Ku-Ba	*(Ka-m-)B3*	𓅡
Beya = peBa	*B3.i*	𓅡
MBuyi = ciBwabwa	*B3y*	𓅡
mBwaya = muDilu = kapya	*B3y*	𓅡
Ba-anyi; Benyi; Bende (Ba-andi); Ba-nda, Ba-Ndu	*Bay*	𓅡
Bata, Buta; CaaBa, CyaBa, diBata	*B3.t*	𓅡
>Butu, mButu; Butula; ka-Butu. Butubutu		𓅡

[63] Mufundilu wa ku ba bidimu 5000 kumpala kwetu, anyi ku ba bidimu –3000 kumpala kwa CyAngu-cya-baRoma, myaku ivwa ibadibwa ne "i/y" kumpala: iBa. Nansha mu ciLuba, bantu bakole batu bakula ne "i": iBa-mulolo; imbadi, imwene, imFumu, etc.

[64] Dimwenayi malu masokome mu mwakulu: Kam-Bwa = „Moyo-wa ba Kam"; „Kapia/Ba ka ba Kam", "mBa-Kam", „Bwa-Kam". Nkambwa udi „KaBa-Kam", udi „Kabwa-/Kabwe-Kamonyi-ne-Kanshindamenu". Kadi eci ngumvwilu udi uya ku ntaku ya miaku. BaKam mbalwe ba nKamBwa ne ciKam cilwe cinKambwa.

>Bota; Bote; mBote		
CiBwa	*B3.t/Bait*	
CiBawu ; BamBa		
DiaBw ; diaBo (=buKole, biKola)		

Gardiner udi wamba ne Ba ewu udi ulwa kabidi mu :

1. *b3k* wa "mBaka",
2. "*buk*" wa diboyi anyi musadidi ne mu
3. *ḫb3* „destroy" mbwena kwamba ne "shibaya" (*ḫb3*), "kuBoBa"; "Botesha", "kabutu", "butula", "shimbula".

Tudi tumuna bushitu bwa Ba-Ntu. Bantu badi "Ba" wa Ntu, badi mButa-ya-Ntu, badi Bwadi-bwa-Ntu. Nansha mwaku Bwadi udi mbikidilu wa *B3it*. Vuluka kabidi: *BomBa* ne *BuBa*.

Ngumvwishilu wende wa Kaleshi aka ka mu mulongo G udi:

29  jabiru (*Ephippiorhynchus senegalensis*)[1]

Ideo. in *bꜣ* 'soul (in bird form)'. Hence phon. *bꜣ*, exx. *bꜣk* 'servant'; *ḫbꜣ* 'destroy'. In group-writing (§ 60) or or is used for *b*[2].

[1] *Ann.* 30, 1. [2] BURCHARDT § 41.

30  three jabirus as monogram — In *bꜣw* 'spirits', 'might'.

4.8. KaLeshi:  -Bala: *wbn, 3ḫw, šw*

Uband(e,a); -Band; -Bandu; mu-Bandu; uBala, mu-Balu; Bandila, bandul(a/uka); amBedi: aBandilu; mBila; mBâ; -mba	*wbn*	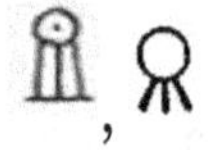
Muunya; pa mi-Unya; Bounyi;		
WaBanya (nsese), waBanyila (wbn-ra)		
Anga; Wang(a,i), Weng(a,e); eKu; iKu; Banga (w/b); Bonga; Banga-lala	*3ḫw,*	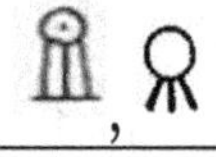
Osha; Ang(a,w,o); Ong(a,u,a) > Bongu	*3ḫw*	
n-Ang(a,u)	*(n-)3ḫw*	
L-Ash >Lashi-lashi	*(r-)3ḫw*	
L-Esh > Lesh(a,I), Lez(a,i) ; Ndesh(a,i); Lweshi; Lwash(i,o)	*(r-)3ḫw*	
Loshi >Lozi, bu-Loshi/-Lozi/-Loji	*(r-)3ḫi*	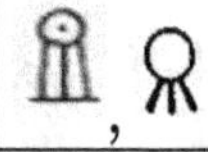
Yosha; lu-Osha ;		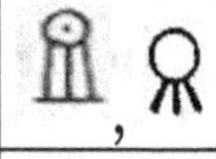
Padisha; pacisha; pasola; pidisha; pishila	*psd̲*	
Paciisha; pacila; pandisha	*psd̲*	

Šw[65] > Shu, Sha, Shi, Sho, She, enS(a,e,I), nZ(u,a,e); Sheshe, nSes(a,e); Soso; Ashi (Bw-ash)	*Šw*	𓇵, 𓇶
Eshi, Esi, Ezi		𓇵, 𓇶
Sheluka, sulula, sululu; shula; sola	*Šw r*	𓇵, 𓇶
(*Š*↔*C*/*T̲* >) Cye, Caa, Cya		𓇵, 𓇶

Mwena mpata aditangidile mbadilu ne ngandamwinu wa Gardiner :

7 𓇵 combination of 𓇳 N 5 and 𓍑 T 28

Abbrev.[1] for 𓐍𓂋𓏏𓉔𓂋𓅱𓇳 *ḫrt-hrw* 'day-time', 'course (of day)', lit. 'what belongs to the day'.

[1] Ex. *Urk.* iv. 992, 4.

8 𓇶 sunshine

Det. (or ideo.) sunshine, exx. 𓄿𓐍𓅱𓇶 [1] var. 𓇶𓅱 [2] *ꜣḫw* (Pyr. *iꜣḫw*) 'sunshine'; 𓊪𓋴𓆓𓇶 [3] *psḏ* 'shine'; 𓅱𓃀𓈖𓇶 var. 𓇶 [4] *wbn* 'rise'. From this last, phon. *wbn* in 𓇶 [5] var. [6] *wbnw* 'wound'. Phon. *ḥnmmt* in 𓇶 [7] var. 𓇶 [8] var. Pyr. [9] *ḥnmmt* 'the sun-folk' of Heliopolis.

[1] *Urk.* v. 55, 9. [2] *Urk.* iv. 19, 11. [3] *Urk.* v. 55, 4. [4] *Urk.* iv. 585, 12. [5] *Eb.* 107, 5. [6] *Eb.* 67, 1. [7] *Urk.* iv. 17, 7. [8] Cairo 20498. [9] *Pyr.* 139.

---

65 Mwaku ewu, mmwaku wa ciKuma. Mubadi atufwile luse bwa twanji kwamanyinapu. Muntu udi mumanye tunungu twa Shu mu ciLuba, mmumanye tunungu tonso twa *Šw* ne bionso bidibo bafunde kudi ba nsenda miaku ba mu diaKam ne mu ciKam wa Kale ne wa Kulu.

4.9. KaLeshi: ⊙ -Bala: *R3, hrw, śś(w), itn*

Lo(u, a,i) >Li-L(u,o) >Di-Lu, mu-Di-Lo, mu-Ri-Ro; u-Lilu	*Ra*	⊙
Ka-Lolo; diKela	*Ka-Ra*	⊙
DiBa <Li-/Ri-/Lyu-Ba; Lo-Ba; La-Ba; Lu-Ba(?)	*Ra-Ba*	⊙
>Bala < Bara	*Ba-Ra*	⊙
Kulu; Kula; Kwila; Kala > diKala (dia kapia)	*hrw*	⊙
muKolo (=diTuku mu Lingala); muKala (= mu-Sangu, ci-Kondo); pikala	*hrw*	⊙
Kela >di-/lu-Kela; bu-Kedi		⊙
Kula > kaKula	*hrw*	⊙
Kadilu <Kalilu < kariro	*hrw*	⊙
Kondo >ci-Kondo	*hrw*	⊙
Lu-ngula; na-Ngula; nKala; nKel(a,u,o)		⊙
luNkelu	*hrw*	⊙
nSese; nSesa; Shosha	*śśw*	⊙
Sasa; miSasa (kaIba ka 9)	*śśw*	⊙
di-Susu= di-Shushu= di-Zuzu (cimuma cikunze)	*śśw*	⊙

Sasa, sase > Sasakana, Sashish(a,e), Sansakana[66]	*śśw*	⊙
Nsashi□nZashi□nZazi□nZaji = nKuBa	*śśw*	⊙
Zeze(ze); miSasa		⊙
>Shushu-Kulu; muSushukudi	*śśw-hrw*	⊙
>sosola; sonsola; sasul	*Śśw r*	⊙
Su, Susu = ipia-ipia		⊙
Sa > zanza, zanzama, zanzuka = (ne) mitalu, lukasa, lubilu		⊙
Tany(i,a); Tanga; Twany(i,a);Tang(a/u/o); nTanya, nTwanya, mu-Tany(i,a); Tanyi-ka; Tenia ; Tunya; Etani (mu Lingala)	*Itn*	⊙
Dianga-dia-Tanya; Tengu-a-muTanya; Dianga-a-Ntanya; Cianga-a-Tanga/-a-nTenyi	*3ḫ.t-Ἰtn*	⊙

Ngandamwinu wa Kaleshi aka mwa Gardiner:

5 ⊙ sun

Ideo. or det. in ⊙ var. ⊙ *rʿ* 'sun', 'day'; ⊙ var. ⊙ *hrw* 'day'; ⊙ in dates reads *sw* (p. 203). Det. sun or actions of sun, exx. ⊙ *šw* 'sun'; ⊙ *wbn* 'rise'; day, exx. ⊙ *sf* 'yesterday'; ⊙ *wrš* 'spend all day'; time generally,[1] exx. ⊙ *wnwt* 'hour'; ⊙ *ʿḥʿw* 'period'; ⊙ *(n)ḥḥ* 'eternity'. For ⊙ see N 23.

[1] Development of this use, see SETHE, *Zeitrechnung* (II), 29.

[66] = saba, sabisha; kwata luya, ikala ne luya

6 𓇴 sun with uraeus (Dyn. XVIII) Ideo. or det. in 𓂋𓂝𓇴[1] var. 𓇴[2] *rʿ* 'sun'.

[1] *Westc.* 11, 5. [2] Ex. p. 291.

Myaku mitangile kaLeshi aka nya kulondakasha bimpe mu mudimu mutangile mabulunge anyi mutangila diBanda, diShula dya Ntanga anyi dya Dyuba.

4.10. KaLeshi: 𓇹 –Bala: *iʿḥ, wʿḥ, ȝbd, ȝbdw*

a) Cintu eci - 𓇹 - mu ciLuba ncinyi?

Cintu eci cidi ne mena a bungi mu ciLuba: *ngondo, mweshi, mwenji.* Kadi ke ngondo yonso to, bwalu ngondo utu ulwa cijengu. Mufundu ewu udi ulesha: *diBala, diBanda dia Ngondo* anyi *Ngondo-muBadi, -muBala.*

Mu difundulula dia ciKame dilonda ciKapita, mbapatule miaku eyi: *iʿḥ, wʿḥ, ȝbd, ȝbdw.* Myaku eyi tudi tuyipeta mu Milongo ya TuLeshi, ya MaLeta anyi ya MiFundu ya Gardiner (dileta dia N, kaleshi 11, dibeshi 486):

11 𓇹 crescent moon (also vertically)[1] or ([2] when used as det.)

Ideo. or det. in 𓇋𓂝𓎛𓇹 varr. 𓇋𓂝𓎛𓇼,[1] 𓇹 *iꜥḥ* 'moon'; hence phon. det. or abbrev. in 𓅱𓂝𓎛𓇹𓏒[3] var. 𓇹[4] *wꜥḥ* 'carob beans'. Combined with 𓇼 N 14, ideo. in 𓇹𓇼𓇳 var. 𓇹𓇼 *ꜣbd* 'month'; for the reading cf. an O.K. personal name 𓄿𓃀𓂧𓅱[5] *ꜣbdw* and Ṣaꜥidic *ebŏt* 'month'; in dates abbreviated as 𓇹, ex. 𓇹𓏤𓏤𓏤 *ꜣbd 3* 'month 3' (§ 264). In 𓋴𓇹 abbrev. 𓇹 *šsp* 'palm' (as measure § 266, 1) the sign has doubtless a different pictorial origin.[6] In some inscriptions 𓇹 is written for 𓆱 *spr*, F 42.[7]

[1] *Pyr.* 732. [2] *Pyr.* 1104; *Urk.* iv. 813, 5. [3] *Rec.* 25, 155. [4] *Rekh.* 12; cf. *Eb.* 14, 8. [5] See *Wb.* i. 8; nevertheless the usual reading *ibd* is retained *ib.* i. 65. [6] Möll., *Pal.* i. no. 680; ii. no. 680. [7] *Paheri* 5, row 3.

12 𓇺 alternative form of last (Dyn. XVIII)

In 𓇋𓂝𓎛𓇺[1] varr. 𓇺,[2] 𓇺[3] *iꜥḥ* 'moon'.

[1] *Urk.* iv. 808, 4. [2] *Urk.* iv. 12, 15; 14, 7. [3] *Urk.* iv. 30, 4. 13.

b) Myaku kayi ya ciLuba idi mikala ne ***iꜥḥ, wꜥḥ, 3bd, 3bdw*** munda?

ngond(u)	*iꜥḥ*	𓇺
mw-Eshi	*iꜥḥ*	𓇺
-Esh; Enga, -Eka > mwesh, mweka, mweng	*ꜥḥ*	𓇺
-Anga, -Enga> ci-BangaBanga	*wꜥḥ*	𓇹
Wenga, Wanga, Wenge; Ongu (> cyOngu/ cyOngo)	*wꜥḥ*	𓇹
mBedi, muBadi, muBala; ciBa-lubalu <muBalu>Bala, Banda	*3bd*	𓇹

a mBedi, a muBadu, a ciBaluBalu, u-Banda	*ȝbdw*	
Ngondwa-mBedi; Ngondo-muBadi / -muBala	*jah-ȝbd*	
Ngondo-muBandikila	*jȝh-ȝbd-d-hrw*	
MwEshi-kaToto	*jȝh-dwa*	
KaToto-ka-Badi; kaToto-ka-Bala	*ȝbd dwȝ*	

Twambikila kabidi mwaku "Tenda, ntenda" udi mwikale ufundibwa bu  anyi  ne ubadibwa mu mikanda ya ku Mpututu : *nt[-dwa].*

4.11. KaLeshi:  -Bala: *sbȝ<śbȝ, dwȝ, dwat*

a) Cintu eci  mu ciLuba ncinyi ?

Mu bileshi kapya ne bukenka bipatula mu mukanda mwenzela shushukulu Ngandu, cibadi mu twishe mesu pa  to. Pinapu  mwikala Cileshi-ciNene. Tuvuluka mena bu: Cimanyina-Nzaji, Masungu a n'Shila-Inayi, Cishengu cia Nsubu-Inayi, Mikonu ya Biombu, Mikanu Inayi, kudi Lukanu lwa Biombu lulwile. Twambikila mena bu: Masangu a nShila wa Musesu, nShila wa muLashiLashi (anyi Mulanjilanji), a.n. Mutotu badi balongesha nawu. Matumba, misesu, nkidi, nsong(a,u), bulanda anyi nTanda, ciTwale, NtumBa-a-Kulu, Mwauka, Nzaji, a.n. Mu dibalulula, meme kulwa kumona bukodo anyi bunema bwa kaLeshi aka:  .

b) Mmyaku kayi ya ciLuba itu ne *sbȝ<śbȝ, dwȝ, dwat* munda?

Saba, zaba = pia = boba = tumpuka	*śb3*	☆
Sabisha = pisha pa kapya/ cyota	*śb3*	☆
Samba	*śb3*	☆
CiSamba =kaZamba=ciLongu=Cyota	*śb3.t*	☆
Somba	*śb3*	☆
DiSomba; Sombelu; SombeDi	*śb3.t*	☆
Sambi	*śb3.t*	☆
Zemba<nZeba	*sb3*	☆
Cinzeba		☆
CinZemba = nSobedi, nSombelu = ciKadilu	*śb3.t*	☆
Zembwa; nSembwa	*sb3w*	☆
Zambu (= Loshi) < Zembe < Zembwa ?	*sb3*	☆
>Zambi (?)	*Sb3*	☆

Sooba, Zooba (= diBa, nsese-ya-DiBa)	*sb3, śb3*	★
Shiba(ya)	*śb3*	★
Shiba < Ziba = kanga	*śb3*	★
Shiba	*śb3*	★
Totu; Toto	*dwa.t*	★

muTotu	*dwa.t*	*
MiTatu (=nshila)	*dwa.t*	*
Tatu; tata > diTata, luTatu	*dwa.t*	*
Tuwa < Ta	*dwa*	*
Tumba	*dwa*	*
NDanDala (nshila-a-masangu)	*dwa*	*
NDambu	*dwa*	*
NDamba	*dwa*	*
NDomba	*dwa*	*
NDombu = sombedi= sombelu	*dwa*	*
NTumba	*dwa*	*
Tamba	*dwa*	*
Temba	*dwa*	*
Tooya ; nTooyelu	*Dwa (-r)*	*
Cyovu ; Tyovu = Cyobu= Dondu	*dwa*	*
Cya	*dwa*	*
Dinda	*dw3t*	*
Dicya	*dw3.t*	*
Cyacya = dinda	*dw3.t*	*

Twa –disambila, -dina	*dw3*	⋆
nTeya, nTeyi	*nt-(d3)*	⋆
Tenda = sambila pa dinda	*nt-(dwa)*	⋆
Tendu = disambila dia mu Dinda	*dw3.t*	⋆
Tonda = amba	*dw3.t*	⋆
Tanda	*dw3.t*	⋆
NTanda	*dw3.t*	⋆
DiTumba = ngoma-ciSeba	*dw3.t*	⋆
Dondu(o)	*dw3.t*	⋆
Ndundu, bulUndu = nZimba	*dw3.t*	⋆
Dondu(o)	*dw3.t*	⋆
Cidwa; ciDwaya < ciLwaya = nKita, nKidi	*dw3.t*	⋆
Ndondu(-nkidi) = (ka-ndondu)	*dw3.t*	⋆
Twa-ndondu =Dia-Cyovu	*dw3.t*	⋆
Ndudi = sombedi muimpe-mulela, bushalame	*dw3.t*	⋆
MuToTwa-muSombu	*Sb-dwat*	⋆
Tumbisha	*dw3-sb3*	⋆

Mwena mpata ne amba ne: -*Totu* anyi *nDondo-nKidi* mwikala ne bulanda ne –*Dinda* anyi ne –*Saba*, abi mbifwikakasha kudi Bilolo. Kadi ke mmomu to.

Mwena mpata adibadile mudi Gardiner (dileta dia N, kaleshi 14-15, dibeshi 487) mwalula, mushukula Ndeshi ewu:

N 14 𓇼 star

Ideo. or det. in 𓋴𓃀𓇼 var. 𓇽 *sbꜣ*, var. Pyr. 𓋴𓃀𓅡𓇼[1] *šbꜣ*, 'star'; hence phon. or phon. det. *sbꜣ* (*šbꜣ*), exx. 𓋴𓇼𓃀𓅡𓀗 var. 𓇼𓅡𓀗 *sbꜣ* 'teach' (with derivatives); 𓋴𓇼𓃀𓉿 *sbꜣ* 'door'. Det. star, constellation, exx. 𓄜𓋴𓐍𓅡𓏏𓇼𓅆[2] *Msḫtyw* 'the Great Bear'; 𓇼𓏏𓇼 *Spdt* 'Sothis'; time as indicated by stars, exx. 𓇹 *ꜣbd* 'month', see N 11; 𓅱𓈖𓅱𓏏𓇼𓇳 var. 𓇼𓏏𓏤[3] *wnwt* (1) 'hour', (2) 'priesthood'. Also semi-phon. *dwꜣ*, exx. 𓇼𓅡𓏏𓇳 *dwꜣt* 'morning'; 𓇼𓀢 var. Pyr. 𓂧𓅱𓇼[4] *dwꜣ* 'adore' (in the morning). In the word 𓇼𓏏𓉐 'netherworld' (originally the place of the morning twilight,[5] popularly known as 'the Duat' and in this work still transliterated *dwꜣt*) the very common *Pyr.* var. 𓂧𓅡𓏏𓇽 *dꜣt* probably indicates that the *w* had fallen and that the pronunciation already approximated to the Old Coptic *tē*, *tēi*.[6]

[1] *Pyr.* 1038. [2] Lac. *TR.* 20, 89. [3] As 'priesthood', *Kopt.* 8, 4.
[4] *Pyr.* 1087. [5] Sethe, *Pyr.*, Commentary, I 49. [6] *ÄZ.* 38, 87.

15 𓇽 star in circle

Ideo. in 𓇽𓏏𓉐[1] var. 𓇼𓏏𓉐 varr. Pyr. 𓂧𓅡𓏏𓇽,[2] 𓂧𓅱𓏏𓇽,[3] *d(w)ꜣt* 'netherworld', see N 14, at end.

[1] Budge, p. 14, 12. [2] *Pyr.* 5. 8. 802 and after. [3] *Pyr.* 257. 272.

Tuvuluka ne mu Bwadi anyi mu nKwemba, dilonga dya Mabulunge ne mena a Mitoto ditu mu citupa cibandile, cya ba shushukulu. Udi muswe kushandula mena ne tunungu twao, ebeshe bakulu badi baalonga anyi baalongesha mu Bwadi.

V.
BiLeshelu bia minga nShila ya nKebelu

5.1. Cileshelu cia Nshila mulonda mu mukanda wa londa

Kadi kwakula bwa **Kapia,** kushiya **Pya, Pye,** nkushiya bulema mu mulongo wa mena matangile **Kapia**. Bwalu, *Pia* udi ne bushitu bunene mu ciLuba. Tudi mwa kwambikila kabidi *Pa, Pe* mu *Peepa* (= osha bikole). Tuvwa balaye ku ntwadishilu ne bwa kwangata **K3-** mu *K3p/Kp* bu kadianshile-kaleeshi mulongo wa *K-*[67], ciKam cidi ne bwa kutulesha mwaku *Pie/Pia* mwikale ne tunungu twa *mu-Dilu*, twa *Luya* anyi twa *Kapia*.

Bwa miaku inayi idi ilonda eyi, ne tubangile ne mfundilu wa CiKam, mulonda kudi mbadilu anyi mfundulwilu wa balongi ba Champollion, bwa kushikila ne wa CiLuba.

Ciata eci cidi cilesha nshila mulonda mu mukanda wa *Nkongamyaku ya Kapia ne Bukenke anyi Munya*:

---

[67] K- mu mbikidilu wa ciLuba udi Ka-; dileta dia Ka = K.

ciKam	*diBala*	ciLuba
	*pʿw*	Pia /Pya; dipia; pie/pye; upia, ipia; pep(a,o,e); pupa; pupupu; pemba; buPia, buPie; Peelu; pia-kalanga (< *rkḥ*!); Beeya, mBeya (p/b)
 [68]	*Pg, Pg3/ p3k*	1. Pika; Piga; Peka, pekeka; Peeku, Peek(u/o); Ci-Pika.
		IPika; iPekeka; ci-iPika
		>Beng, Bong(-a/e); Bang(a,e); Bung(a,u)
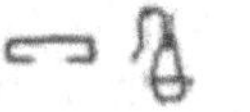	*P-r*	Pila/piila ; pia+l > Pil(a,e,u,i); pelupelu[69]; pola; pwila; pwidila. (p/b >) bal(a,e)
Babala:	*Pr-3m*	Pilamu, Mupila ; Mpilu; Pwidilamu; Mpila
	Pr-t3	1. Cipila ; Cipela ; Cipilu; 2. Tapila, Tapula; CiPila; Cia-Pila
	*rwy*	Luya, Luuya; Ilu, Ilo; Ruya

Ciata eci cidi cishadika ne *pʿw* uwaku mu ciKam ne mwikale ne kanungu ka luDimi lwa KaPia, pamwe ne miaku mikwabo bu Pika, Peku, Pila, Luya, a.n.

Mu citupa cibidi, tudi babanga ne diandamuna dia miaku

[68] Mikanda ya bungi mmitambe kulama tunungu bu: 1 punga; 2. penga; 3. puka; 4. paka; 5. pika (= tuta). Kanungu ka iPika, Piika kadi kalwa mu „cipiika“ (diampa, bidia, mikata). Kadi mwaku ewu udi ne bulanda ne *ḥk3* (hika, iika), *Fk3* (Fiika, fike).

[69] Katupu moyo : Pola ne Pwila to.

mitangile Kapia anyi BuKenka bilondeshele Cibungu cia Diandamuna ciKame mu ciDoci. Cibungu eci ke cidi bashushukulu benza nacio mudimu anyi makeba. Batu bacibikila mu cikoso ne: WB[70].

Bena Bafika-Dimanyayi mbamane kumanya ne tukadi bandamune myaku idi ibanga ne malata aa: *3 (A), B, P, F* bilondeshele AeHW. Tudi bakumbashe miaku mikwabo bilondeshele WB.

5.2. Cileshelu cia nShila mwisatu: DiLwa ne buShitu bwa ,  *Šw* mu ciLuba

Nshila mwisatu wa kulonda ne udi mubadi mwa kuteta bwa kulonda, ngwa kwimana pa mwaku wa cikuma umwe bwa kulesha mudiwo mushala ne bushitu bwao mu ciLuba. Ndi ngangata cileshelu cya mwaku: ***Šw.*** Cileshelu eci cidi citu-longesha ne tunungu twa mwaku ewu *Shu, Sha, Su, Zu, Sa,* a.n. mmushala mu miaku mivule ya ciLuba:

---

70 Mbwena kwamba ne: E. ERMAN + H. GRAPOW, *Wörterbuch der ägyptischen Sprache,* bibungu 5, Leipzig, 1926-1931; 1934-53.

Mu 1995, mupatukile dinga diandamuna mu ciDoci. Diandamuna edi didi mu cibungu cimwe, cidi muntu mwa kwenda ubala mu njila. Mukanda ewu udi: R. HANNIG, *Großes Handwörterbuch Ägyptisch-Deutsch* (2800-950 v. Chr.), Mainz, 1995. Kumpala kwa Hannig kudi diandamuna mu Angele (ke nkubweja-kaja ne Angala = mu Mangala anyi ne Wa Ngala to!) dia: R.O. FAULKNER, *A Concise Dictionary of Middle Egyptian,* Oxford, 1962. Kadi Aldolf Erman ne Hermann Grapow bavua benza kabidi Nkongamyaku mukese wa ku bianza, utuvua balonga nende: E. ERMAN + H. GRAPOW, *Ägyptisches Handwörterbuch* , Berlin, dipatuka 7, 1921. Nkonga-myaku ewu ke utudi tubikila mu cikoso ne: ÄHW anyi AeHW, ke utudi babanga kwandamuna mu ciLuba.

A) *Shu bu DiMona; Kamona*		
1. Sh(o,a,e) = nSese, Sesa > nSheshe	*Šw*	
2. eShi = La-Shi-la-Shi; naShi-naShi = nKenk-a-Diba/-a-mToto[71]	*Šw*	
3. Shu> iSu =Kamonyi> diSu, meSu, twiSu, ciSu	*Šw*	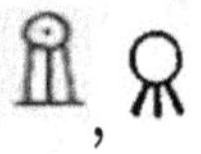
4. Sh(u,o,a) = Kamonyi > Shosha	*Šw*	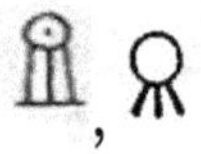
5. Shol(a,u,e), Sola, Sula = tokesha, ela patoke, unzula, bula, bulula, sulakasha, shukula	*Šw*	
B) *Shu bu luPepele, mweyelu*		
6. Sha>mu-Sha =lu-Pepela; mw-oSo	*Šw*	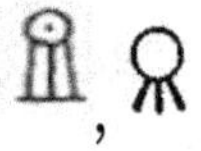
7. eShi, -eSha = nny-aShi	*Šw*	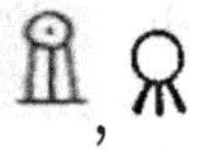
C) *Shu bu DiBa anyi Mweshi*		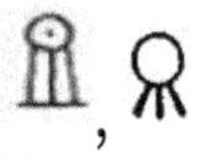
8. mw-eShi, mw-ezi, mwenji = Ngondo	*Šw*	
9. Shuwa = Zuwa = JwBa >Djwba >DiBa	*Šw*	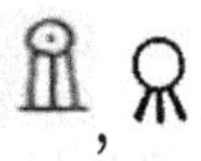

[71] Lashi udi ulwa ku: Ra+ *Šw*= La-Shu, La-Shi = Nsese-ya-DiBa. Kadi udi kabidi ne kanungu ka: r –*Šw* "lwa-nSesa = Diba"

10. Saa; Sha = (citupa cia) diba > saasa, ciSu = cicya, tanku, muvu, cipwa	*Šw*	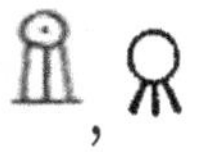
11. mo-Shi = DyuBa, DiBa (< Rw-Ba ne Shu-Ba > Su-Ba, ZuuBa, ZooBa)[72]	*Šw*	
12. Kw-Eshi = mw-eShi	*Šw*	
13. Shuwa = Zuwa = Bwatu bwa mPepula, bwa mPepu	*Šw*	
D) *Shu bu Luya*		
14. Osh = Osha(-kapia; -munya), LoSha, bo-Osha, kw-Osha	*Šw*	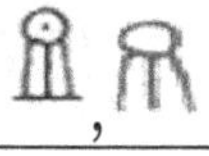
E) *Shu bu buToka, bu nTokeshi*		
15. Shu-shu-kulu =muLeShi-muKulu, Shukula	*Šw*	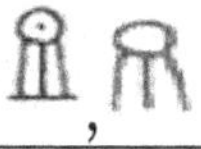
16. Ma-eshi > Meeshi, Menji	*Šw*	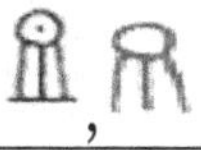
17. Mw-eSha; kamw-eSha = ka-eshi /kenji di-mw-eKa	*Šw*	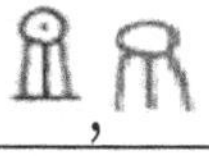
18. Mw-iShi (wa kapia) = miLeshi Kapia	*Šw*	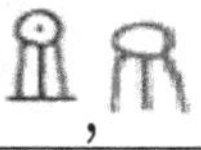
F) *Šw bu mFuki, Ngeshi, mw-eSheshi*		
19. eShi, -eSha > di-enZa, di-enSa, ci-enShi, ngeShi, ng-enShelu	*Šw*	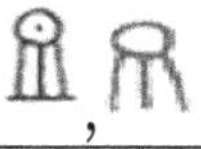

[72] Mu ciLuba cia Kasayi SoBa, nZooba, nDiBa dia munya usamisha mutu, upanda mpala, diosha dipicisha. Ke bwalu kayi ditu dilwa cipendu ne dipeta kanungu ka "bupote bupite", Tuvuluka ne "Zaba / Saba" utu ne tunungu tubidi: 2. "naya, nayila" ne 2. "pia Saba bu muSabu, bu mayi anyi manyi" (= pia sompoka, soboka, sampuka, vwala).

20. Shu > Shula = Bikisha	*Šw*	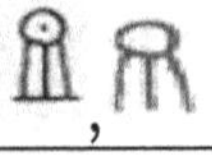

G) *Šw, Shu bu ciKoki-ciNyemi, ciBuuki, bu CiamBudi, mpongolodi*		
21. eShi > mw-eShi-a-mayi =	*Šw*	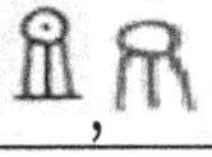
22. mw-eShi, mw-enZi-a-nZe-mBwa = nSe-mBwa, nShe-mBu	*Šw*	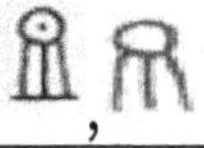
23. Shul > mu-Shulu/-Sulu; nZali > nSadi = nZadi	*Šw*	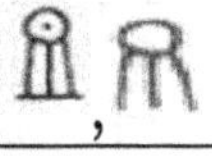
24. Shi (mu-/mi-); Shi (ka-/tu-) >Kashi	*Šw*	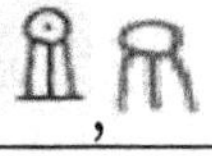
25. Shil > Shilu (mu-/mi-); nShila = nZila= Njila = muSesu, -Sheshu; Shesha (=picila mu nshila mukwabo), di-Sheshe	*Šw*	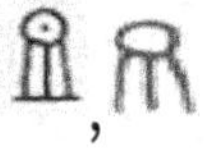
26. Zuwa =Shuwa = Suwa	*Šw*	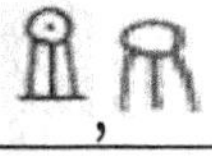
27. Shila = Pie, Pia (butuka) lwa dikala (diShidiSha); Pia (bonga, kunza)	*Šw*	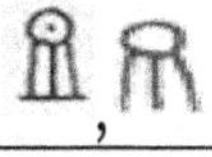
H) *Šw > Swa wa dikala*		
28. Lu-Swa = uya ku di-Toka, ku di-KunZa	*Šw*	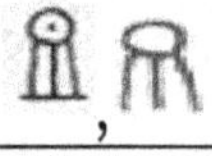
29. Ze, Zeze = Toke, Kunze; Su > diSu; Susu > di-Susu, di-shushu (cimuma cikunzu-bile)	*Šw*	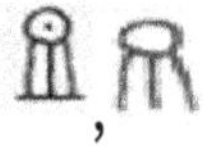
30. NSw, nZ(w,e,a) = pi(e,a), bong(a,e), dikunza; > mw-anSa, mw-anZa, mu-shaw, mu-saw	*Šw*	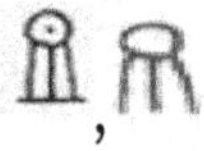

I) *Šw wa nTaku*		
31. –Shi (mu-/mi); pa-Shi, pa-nShi	*Šw*	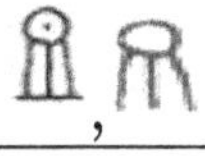
32. –Shi (ku-) > Kwish, Kushi	*Šw*	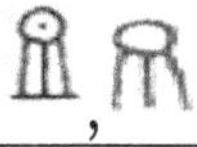
33. Sh(u,a,e) > Sha, nShe =Taw, Tatu, Ndedi); Ni-/Ny-Su (tatu ebe), Sha-andi (tatu-ende[73])	*Šw*	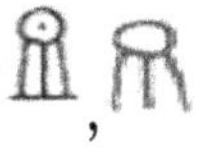
J) *Šw wa bwAshi = Patupu*		
34. nSoso, di-Shosho □di-Soso	*Šw*	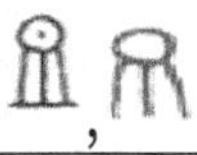
35. Bw-âShi (=patupu, cianana)[74]	*Šw*	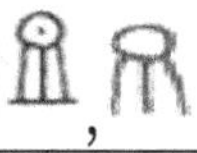
36. Bw-àShi (=bulula, vula, mpunga, patoke)[75]	*Šw*	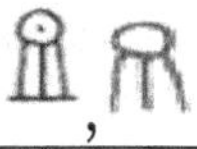
37. >lubwaShibwaShi[76]	*Šw*	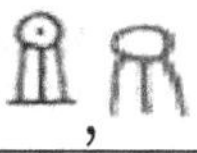
38. bu-Ashi-bu-Ashi (cia buloba)[77]	*Šw*	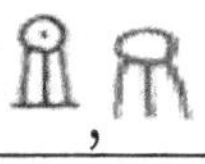

[73] DiFunda « Sha-andi » ne « Tatu-ende », didi dilesha ne mwaku Taw anyi TatU udi mu bulelela : Ty anyi Taty, Tati, bwalu E udi A+I. Nanku Taty-andi > Tatwende; Tay-andi > Tawende, Shyende. T mu T-aw anyi mu TaTy udi bu udi mbikidilu mukwabo wa Š (S↔Ś↔*H̠*↔<Š > ↔Č↔Ť↔T̠↔T↔D̠).

[74] « a) nulleté, b) néant » , bilondeshele: http://www.ciyem.ugent.be/

[75] "ouvert, béant", bilondeshele: http://www.ciyem.ugent.be/

[76] « **(A)** transparence, **(B)** crépuscule, **(C)** entre-bâillement", bilondeshele: http://www.ciyem.ugent.be

[77] Cibwashibwashi = « a) firmament, b) espace, c) clairière", bilondeshele: http://www.ciyem.ugent.be/

39. Ci-Bwashibwashi (=diBa dia dilolo)[78]	*Šw*	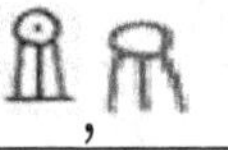

5.3. DiKeba Myaku minene

Mu Buluba bwa Ditunga dionso mutu myaku ya minene idi bu makwishi ne ntaku ya ngumvwilu ne nshukwilu wadio wa Dikala ne Divwa diadio. Ngumvwilu udi utangila Sha-Ntu, Nnyna-Ntu, ba nKamBwa, Muntu-mwine, Moyo wa CyeNdelele, KeNdela pa BuLoba, bwImpe ne bwBi, a.n.

Nansha ciiyi mutambe ku tangamash myakw eyi, mubadi amanye ne *Rʿ, B3, K3, 3ḫ, Šw, Wḏ3, ʿnḫ,* a.n. mmyaku minene mu BuLuba bwa BuKama wa Kale. Kadi muLuba onso mmumanye ne anyi ushandudi mu dibala dia Bileshi-Kapia-ne-Bukenka ne: Myaku eyi icidi too ne ku lelu miaku minene mu BuLuba bwa mu Mpata ya Kwilu-Kasayi-Luluwa-Lubilashi-Lwalaba-Tanganyika-Malawi-ne-Zambezi.

Ndi mwangate bileshelu bibidi bwa ku sanshika nabio bunene bwa imwe ya ku myaku eyi. Tuvuluke ne Kapia/muDilu, Nsese/Bukenke, MweYelu anyi Mw-Oyi ke mmiaku minene to, mmiaku ya bikuma, nTaku ne nSentedi miJindula anyi miSandula (*snṯr*) Divwa, DiEnza, DiFuka dia Bukwa-bi-Ntu.

a) Mwaku wa bikuma: Tm, Tmw, Itm

Bena Cikama bakadi babikila Sha-Ntu ne : , , 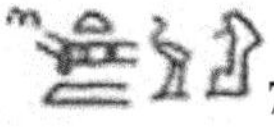[79]. Dina edi ditu ne mbadilu ya bungi. Tudi mwa kutela: **Atum /Tum, Itum / Tumi, Item /Tema/Atema /**

---

[78] "azur, crépuscule", bilondeshele: http://www.ciyem.ugent.be/

[79] WB. I, p. 144.

Tima/ Tima, Tam / T̲ama, Dum / Adum, etc.[80] Yeye Tm, Itm ewu kena Ntu to, udi Mufuki wa Ntu, kebwalu kayi tudi tumubikila ne: *Sha Nt(u) / Sha(a) Nto/ Sha-Unt(u)/ Shaa Ont(o) / Sho-Onto*[81].

Mufundu ewu  ngwa kubala : **Tm**. Mwina mufundu ewu mu ciLuba udi: *T̲amu, **T**yamu.* Ncimwe cya ku biamu bia kale mu Afuluka. Ngenzelu wacyo badi bamubikila ne : *T̲ima / Cima.* Ku *T̲ima, nku tela mu bu-T̲ama.* Pa kulonda ngenzelu, basombele bacibikila ne: *T̲ama / Cyama* (> *bu-Tyama*).

Pa lukonku: "cintu eci , ncinyi?", bantu bakole badi bandamuna ne banaya ne mwaku **Tm** bikole:

a) *T̲amu ci T̲ima mu buT̲ama / Tyamu ci Tima mu buTyama.*
b) *T̲amu cya n-Tama / n-Tamina ci T̲ma (=**T**ima) mu buT̲ama kudi T̲amina anyi T̲imuma.*
c) *T̲amu cya n-Tama / n-Tamina ci T̲ma (=**T̲**ima) mu buT̲ama kudi T̲amina anyi T̲imuma bwa T̲mema (cimem) bintu.*

Pa kutangila bimpe, ke mbafunde Tm to, mbafunde  = *T-tm* anyi *T-tm-m*. Mbadilu udi upatula: Tmema, Cimem, Cya-Cimema, Cimemedi, CiTema, a.n.

Kadi bu mutudi twamba ne CiKam mmwakulu wa Cyena-Ntu, tudi ne cya bwa kwitaba se, **Tm** udi ne tunungu ne mbadilu kabu-kabu:

---

[80] Myaku yonso eyi idi mu ciLuba.

[81] *Sha* udi mbikidilu ya bungi bilondeshele misoku, bisa anyi myakulu : *Sho, Shu, Shi, She,*. Tudi tupeta kabidi : *Sa, So, Su, iSu, Se, Si ...*

Damu	<Damudamu; ciDamudamu < ciLamulamu = bw-Ongu; bunokunoku
Dim	Enza buDimi; umbula; ciDima /-Tima; didima
Dima	MwIdima; buloba buToka bwa dibumba
Dima	Buloba bwa dîma
Dima	< Shima < Tsima/ Cima <Tima; Viva; Nansha
Dime	DiTima, diFwima; Dinene; mulemba; ciBungibungi
Dimi / Duumi	Difu; Dîmi
Dimu	>muDimu
Dum-	= *Lum, Rum* = numa = baka
Duma	Buka bu cipepwele
Dume	Buntu buLume ; muntu muLume
Dumi	Dipondo
Dumu	= *Lumu*
iTema	Ditema, Itemena = Diditemena
iTuma	=DiTuma = DiDiTuma = didienzela bwalu ku diwa amu dya wende muCima
Tama	= pola, tuuya, butama, talala, tûka
Tama	"NTaba", mbushi; kaana ka ngombe, mukoku
Tama	Nuna, lwa mununu, kulakasha; Dyunda, kola, lunduka; tamba; tambula
Tam-a	Kupeta mubidi, kutanta, kùla, -nanakana, -nànuka
Tam-a	Ikisha, buTama, sokoma, jama (Dyama)
Tama / Tamu	Bula, panga, twisha/twisa/twija; mpangilu, ci—mbula; kambulu (= ntamu; butamu)
Tame (a)	Mu-/bu-/ba-Tame = Kole, Kulu, Kulumpe,

	Kuluba, kulapa, Kulupa, Kubatama = kupya, kubonga, kushema, ku-Cema
Tam-u	= tamuna = sapula, sokola, shukula, sokolosha, tandula
tema	Kosa; diTema = diTamba
T̲ema	>Cemi; T̲yemi; Sheme = pita bwimpe = a muCima-Ceme/ mu-Sheme = T̲ama; Cyame
Tema :	= difila muCima anyi Maci ku bwalu
Tema :	„9" (*ciTema <tm.t*)
Tema :	Cyamu / Tamu, di-Temba,
Tem-a :	< *-tem-a* = aka / aaka, anga, salala, kenka, keesha >nTema, nTemu
Tem-a :	= kwata kapya ; banga dinyema ; papuka ; dikwata "*moto*"; pya luya
Temu	>CiTembu
Temu	MuMunyi; kamoni-kamba; Bu-nTemu = Bushadiki-Dimona
Tima/T̲ima	Teka mu buCyama/Tyama/T̲ama; ela nkila; baya; shika
Tima/T̲ma	= nyungulula, nyunguluka, enda/ya mu cishengu; shinga
Tima/T̲ma	1. shinga (-nshinga) ne 2. shinga (wa dishinga anyi dijinga) = kengela, diswa dya muCima
Tima/T̲ma	>Dima, Zima, tsima, Shima (-kapya) ; sokoma; butama
Timema/T̲imema	Cyambula; T̲ambudi; T̲yamu
Timwemwe / T̲memwe	Dituku dya T̲anga/ CyAnga ; dya DiSanka, dya CiTembu /muTembu; dya Citembelu/

	dya diSasula/ diSamuna ; dya Mimwemwe ; dya Butumbi ; Mwena-Butumbi-Bonso, Citu-Cyena-BuTumbi-Bonsu ; CiTembela
Toma	= nwa (tutobo)
Toma	=Tamu, -lelela, shalama/alalame, a kalolo, nToma = Tyama = Maât
Tomo-na	= panda mesu, shomona/djomona (-mesu); tonona
Tuma	< luTumu, tumi-na, tumi-ka, tumi-bwa
Tuma	= banga, bangisha, padila, diponda, asa, anshi, tumba
Tuma	= lombola, ludika, kolobesha, lubula; mu-Lombodi. Cil.: Tuma diSambila, Tuma musambu
Tuma	= Tumba = Osha = kwata kapya
Tûma	= tuKama; tuMinina
Tum-a :	< *ku-tum-a*
Tum-a :	> KaTuma = dipasa disatu. Mbimpe kufunda: ***Tm̄***, bwa kuleja kanungu ka « dibenga ku mu tuma »

Cyata eci cidi cilesha ne Tm udi mu ciLuba mu myaku mishilangane ne ya tunungu etu:

- Sha-ditema ; nsha-dikenka/-munya/-luya; nsha-butoke
- MuTumi (wa Ntu, wa Diiyi)
- Mutumi-mwendeshi wa Tyamu
- Sha, Banga, Budika, Banda, Bala, Patuka
- Twa motu, Twa kapya; Cyendeshi cya mbendi
- di-bu-Tama, di-shika, nkum, ndekelu
- kupeta-mubidi, ku dyunda, lwa-munene, ditanta

- diluma, dibaka, disanda
- Citema, a-citema (=9)
- Katuma = *KaTum, Tomene, nTomena* (= 3 =dipasa disatu)
- Cimwe (=1)
- Dimwa (= dituku dya kumpala, dya 1, dya lukasu, dya ditemu)
- DiTemu (= a 1 = dya Dimwe, dya Lukasu)
- CiDimu
- Tumba, diTumba, Tumbila
- Temba, Tembelela
- Tamba, pita, ikala kumpala

Katupu moyo, myaku eyi to:
- *temu / tema* = ikala mutabale, muteya maci
- *tumu wa lutumu*
- *tama* wa matama anyi ditama
- *tama wa makanya, mfwanka*
- *tama wa tamina mu lwendu, nenga, nanuka*
- *Cima wa moyo*
- *Cima = Tuma = Fuma = tela anyi luka*

Patudi tubala babangile ku dia balume bwa kuya ku dia bakashi, tudi tupeta:

- *Mut(u)* =	- mutu, *mut, mtu, mot, mto*
- *Mtu* =	- *muntu, mtu*
- *Motu*=	- Kapya
- Mwat	- wa mfumu
- Madu =	- Malu
- Mwadi	- wa didila
- Mwadi	- wa a-mbedi, a-kumpala
- Mwedi =	- mwefu, mwevu (vuluka: Mule-Mwedi)

Kadi ***T mu*** ciKam udi ubadibwa kabidi bu D . Twambulula myaku mitela kulu eku :

- Dem	- wa lema, lamata, lamika
- Dimi	- wa lu-dimi, ndimi = lu-laki < laka
- Dimi	- wa difu, wa dîmi
- Dim	- wa dîma / diima = buloba bwa dîma, bwa cikanana
- Dim	- wa dima, ku dima, ci-dima, bu-dimi, cidime
- Dim	- Wa Dimi-nu; Dimi-na
- Dimu	- wa mu-dimu / mi-dimu
- Dimu	- wa bu-dimu = wa ntema
- Dimu	- ciDimu
- dimwa	- wa im-We / im-Wa (1)
- DimWa	- Wa dituku dia ku mpala / dia mbedi (1)
- Dam	- Wa lam (a,e, i), di-lam, di-dam, ndami > mu-Lam
- T̲mwa	- aa ci-im-Wa; CimWe
- Dum	- wa duma / dume
- Dume	- wa mu-Dume / ba-Dume > Lume, Rume

Mu mukanda wanyi wa pa Madu-a-Meta-Untu anyi Meta-Ntu, nakadi muteta kwenza cyata cya myaku idi **Tm, Tmw, Itm** ipatula mu ciLuba:

T̲ima	T̲iDimina-Nsashi / Dimina-nZazi	mu-T̲ima
T̲ima	T̲imaninu	
T̲ima	NT̲ima	(= ntela, diluka)
T̲ima	T̲imanyi	
T̲ima	DiT̲ima	
T̲ima	T̲imema	Dimema

T̲imana	Dimana	Dimana
T̲imu	T̲imuma	Dimuma
T̲imu	T̲imama / T̲imumu	TuMama
T̲yamu	T̲imema	
Dima	Dimuna	budimu
Dima	T̲iDimu	mudimu
Dima	Dimeme	(=BuSheme)
Dima(e)	Dimeme	muDima
Dimi	Ndimi	T̲idimi
Dimi	Diminu	Dimina
Duma	T̲iDuma, DiDuma	muDumi
Dume	T̲iDume / T̲iLume	MuDume / muRume
Tama	Tamuna ;	muTama
Tama	Tamina	
Tama	Ntama	
Tama	Tentama	Ditentama
Tema	Temena	mu-Tema
Tema	Temesha	
Tema	Temuna	
Tema	Ntema	
Tuma	Tumina	MuTumi, LuTumu
Tuma	Tumu-nun	
Tuma	T̲ituma	Dituma, Mutumi

Twambikile kabidi myaku eyi :

T̲imuma	T̲imunyi	T̲uma, T̲yume
T̲imumu	T̲yamina	Dimi
T̲imuna	T̲yamu	tenTama

Bwa BaKam, di-Banga dya bidiku bionso, dya bi-ntu bionso, anyi dya Sha(a) Ntu kadyena dikale citupa cia „Ntu“ (Nto, onto, unt) anyi citupa cia „cikena Ntu“ („Ntu to», „kayi Ntu“) to. Didi dishiya dia „Ntu“, dia “Civua / Muvu“ ne dia “cikena Ntu” (“Ntu to” / “Kayi-Ntu” / „Kena-Ntu“), „cidi kaciyi civua». Kebwalu kayi Atuma, Ntumi-a-Ntu udi *Meta-Ntu, Meta-Untu, ciMeta-Ntu, udi Dishiya-dia-NTU.*

Ke mudiye ubikidibwa kabidi ne: *Cikena-Ntu ; Cyanana.* Mu nkindi ya CiKam wa kale, Cyanana, ncifukibwa cya Atuma, Atema anyi Atama. Mwine ewu udi *„Dishiya-dia-Kayi-Ntu“, „Ntaku-wa-Cikena-Ntu“, „Dishiya dya Cyanana“, Sha-Cyanana, Nina-CiTu*[82]). Kwakula bwa nTumi, nkwakula *Malu a Ntaku wa Ntu, a Dishiya dia ci-Ntu ci-Onso, Malu a mu-Shi-wa-Dikalaku.* Tudi balesha ne nansha mwaku mupya-mupya utudi bafuka wa “Meta-Onto-Logie” udi ulonda ciLuba: *Madu-a-Meta-Ntu* anyi *Lwaku-lwa-Meta-Onto.*

Mu Egipitologi, mbwena kwamba ne mu DiLonga dia Madu a CiKam, *Tm, Itm, Tmw* udi ne tunungu etu :

1. Cimu / T̲mu = TenTama (*T-tm*)[83], onso
2. TenTama = tenta, zabazaba, nko, onso
3. Tama = Ntu
4. Ciman / Dimana = dishika-dikala, nT̲am-a-Ntun ndekelu-a-Ntu

 udi Cimu, T̲mu, nTama ne udi T̲anana/Cyanana, Cimana-Ntu, Dimana, nT̲ama-Ntu. Kanungu ka nyima a Cimu kadi mu Cyume / T̲ume (= 1. ṯuma, tume wa kama ne 2. ṯume wa bubanshi, wa bunema, wa cinema).

---

[82] *CiTu = Ciena* anyi *T̲yen.* Udi nyima wa Ntu.

[83] Tuvuluka ne BaKam, batu batamba kufunda dina edi ne **T** ibidi (*T-Tm*) anyi ne **M** ibidi (*Tmm*).

 udi kabidi ne bulanda bunene ne Kapya, ne Luya pamwe ne Bukenka. Udi ulesha mwaba wa Kapya, wa Dyanga, wa Dikenka, wa BuToka mu ngumvwilu wa Dilwa dya Ntu, wa DiKalaku-dia-Ntu. DiLwa (*Irr, Ir.t*) edi badi badibikila kabidi se:

1. Tem-a-Ntu
2. Temesha-Ntu
3. DiTema-dia-Sha-Ntu anyi dia Ntu[84]

Kapya ne Bukenka bidi bilwa kabidi mu cya nyima:

1. T̲ima > Zima > Jima > Shima
2. IDima >miiDima / mwiDima
3. Dima > muDima

Tudi mwa kuzola, lwendu lwa ***Tm*** nenku:

A)

<table>
<tr><td>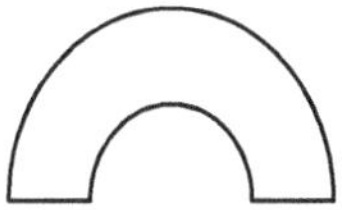</td><td>Tuntamana
T̲intamana
Tantamana
DiTama</td></tr>
<tr><td colspan="2">= Lunda, Vima, Vunga, Bunya, Bomba</td></tr>
</table>

Patudi tulonda nshila wa Diba tudi tupeta:

PaTyatya/ T̲at̲a:	Tema; UTema, iTem, diTema
	Tama; “BoTama”
	Tuma
Munya:	DiTemaDiba/Dyuba/RyuBa; DiTama, Tem-

[84] DiTema dia Sha-Ntu ne DiTema-dya-Ntu, ngumvwilu ibidi mishilangane, ndongeshelu ibidi mishilangane.

	La (>TembeLa); Tum-La Tambula, Tumba, DiTema, Tuntamana, Cintamana, Tumbwe
DiLoLo	Tama (ubu-/ba-/n-), nTama/ nCyama
Butuku:	Tim (Zima, Shima, Cima)
	Dima (mu-); IDima (mu-/mi-)

Muntu udi muswe udi mwa kutungunuka ne ditela mbikidilu yonso ya DiBa idi mikala ne TM, kadi mikala ne tunungu tushilangane bilondeshela bitupa bya dituku.

B)

Tentama

Mwaku ewu **TenTama** badi batamba ku wangata bwa

1. mayi (mw-ule, ma-do-djamaanyi); lelama
2. cintu pa mayi, pa mutu pa mayi
3. cikena cinyunga, cibatame, citalala, cipole, cimuma

C) Dina dia ciShengu cya Diba/RiuBa anyi cya mwEshi:

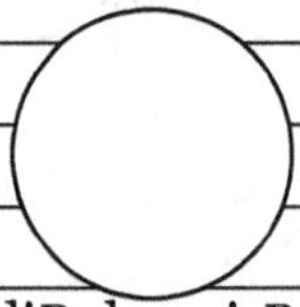	Timuma
=	Dimuma
	Tumuma
	Kamuma
Bulu > diBulu; ci-Bulung; di-Bulunga; Ci-Langalanga, Ci-Fungamana; nyùngulwilu	Cishengu, Shingu, Mulala, LuPitu, nTangu, CiTangu, CiTunya, Tunya, biTama

D) Padi Diba diKenka, diela nSesa, di-Osha, badi bamba ne:

di-Tema

= **DiBa-di-Tema**

Katupu moyo ne Diba kaditu CiShengu Cyanana to, ditu diBulunga, diBulu. Dina dikwabo dya cintu cya dibulu, cibulunge ne ntengu yaci, ne muTima waci ditu:

E)

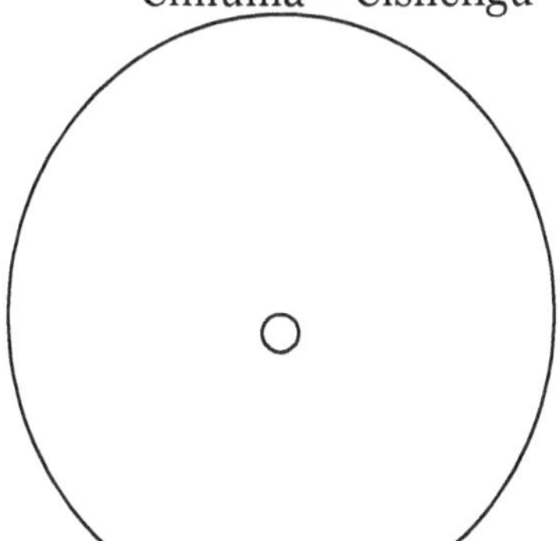

Padi Diba, nTanga di-/u-Tema, nsense yende idi ku nTyama yende, bwalu muTima / muCima / moTema wende, udi amu ushukuka, uluka Kapya.

Tm, Itm(w) udi ukeba mudimu wa oa bwao. Kipacila mwaba ewu kavwa bwa kulesha bileshelu bya dikala dya *Tm, Itm(w)*, mu myaku mitangila Kapya anyi DiBa / Ntanga / Tangu/ Tanya.

Cyata cidi cilonda eci cidi cilesha bimwe Bifwatulu bidi bizola ngumvwilu wa nshila wa Diba. Bilondeshele mwaba udi Diba, Tm udi ushala. Kadi mbikidilu wende ne tunungu twende bilwa kushilangana. CiLuba cidi cishandula mishi anyi citwa munu pa dishilamgana adio:

F) Nshila-a-nTama muTamina

	TenTama Tanta-La TunTamana **Tumba**>Tumbu-La Tamba>Tambu-La Cima **Temu >nTema** Temba>TembeLela DiTama **SaLaLa**	
CiPepu-La CiPepe-La Tumbu-La BoTama **Tema**	∩	Pweka Ba-Zama Ba-Tama
	Tentama	SenDama
Tema	∪	Tima>Zima >**Shima** Bu-Tama iDima Bu-Djama
ATuma Ntumi **aTema**	**iDima** MwiDima MuDima Munda-miiDima	

Byata bidi ku mutu eku bidi bifikisha ku dishandula bulanda pankaci pa ***Tm, iTmw, Tmw*** ne nyama eyi:

Cama/ T̲yam/ Tsima	>nKa-T̲ama> nKa-Shama
Camu / Tamu	>Tambwe
Timw/*T̲m*/ Cim	>Cimba > Timba >nShimba > Simba

Ciseba cya nKa-Cama /-Shama anyi cya Ntambwe / nTamu, yonso ibidi mu diku dya Cimba/Timba/Simba/Shimba cidi cimanyinu cya N-Tema, N-Temi, cya Tyama, cya Ka-Tuma (= ka-Tumibwa), cya Katuma (= nSha-Bantu), cya muTumi, cya Ntumu = Mfumu. Pashishe Tema (>ci-Tema) utukabidi ulesha mubidi mu-Fika, dikala diFike.

Tuvuluka ne ***Tm, iTmw, Tmw*** = nTumi, CiTuma, Nsha-Bantu, Sha-Ntu, ndina ditangalake bikole. Temia, nTemi (=nTumu, nTumi, mFumu, KaTuma), nTemi udi dina dya Sha-Nt anyi Mvidi-Mukulu ku Tanzanie anyi ku Bakuba.

Tudi tumona kabidi bulanda pankaci pa BaTama ne Cibasa. Tudi tupeta **Tm, Tmw** mu:

ka-Tamu /-Taamu > **ka-Tambwe(a),** ci-Tambwe(a)	= ciBasa, kaBasa

Tudi tumuna ne bileshi bumFumu bidi ne mena a Sha-Ntu adi ne maleta aa munda: ***Tm, iTmw, Tmw*. Mawesha-Ntemi** anyi **Mawesha-CiTema, Mawesha-CiTuma-CiTama-CiTamba** udi lubidi mu mishindu yonso: ciluma-cikashi, mbangilu (=boTama, Tamuna, nTemenu)-ne-ndekelu (=ba-/bu-Tama, Tima=Tsima>Zima, Cima), ncyama ne mucima, Ntu ne T̲yena-Ntu, nTama ne T̲anana, ditema ne iDima, a.n.

Mu ditandula bushitu bwa mwaku ewu, cyela-ngenyi anyi nkindi onso wa Cyenantu udi mwa kutungunuka ne dinana, ne dicima ngenyi pamwe ne ditemesha tunungu tukwabu twa ***Tm, iTmw, Tmw.*** Kadi bikese bitwaleshi ebi, mbipa mubadi mamanya ne ngumvwilu mupita wa ba egipitologe ba buloba bushima.

b) Mwaku wa bikuma: Šw

Shu udi kabidi mu:

Shu-La	= mushudi-la, mushula diba (dishula dya mbedi, ndyambula DiBa, dipepula DiBa mulu)
Sola	= ikala mu/ne luya; tokesha
Sululu	= dituka bisululu anyi Nsululu wa Cisulusulu
Sa-La	>DiSala didi ne bulanda ne Shu-La pamwe ne Pepa, Pepe-La, Dipwapwa, di-Apa.

Shu udi mwaku wa cikuma. Kadi ***MaweSha*** udi mumutambe. Bwalu MawEsha, ndina dia Dialu: Mawesha udi BuKenka bwa Bulelela; DyAnga-dia-Meeyi-Malelela.

Mawesha mmulwile ku ***M3ᶜ+Šw***. Mwaku ***M3ᶜ*** mmutumbe bikole mu mbikidilu-mfundilu ewu: **Maat**(e,a). Tuvuluka "di-twa Maata pashi" bwa kushadika BuLelela. Kadi ***M3ᶜ.t*** mmushale ne bu ngindu, ne busitu bwende bonso mu *Meeyi*-a-Bikuma, mu *Meeyi*-Makulu ne Mikandu. Tuvuluka kabidi ne: mfundilu ewu anyi mbikidilu ewu mmushale mumwe ne wa mu ciKapita: **Meeyi** (ciLuba) ne ⲙⲉⲉⲓ, ⲙⲉⲓ, ⲙⲏⲓ mu ciKapita. Ke bwalu kayi mbimpe kubala ***M3ᶜ.t*** bu ***t.M3ᶜ***. Mbadilu udi upatula: *Ṯyam(a,e), Tia-Meeyi* (a-Bikuma, MaLelela-MiImpe). Kadi ciLuba ncilame mu cibidilu cia "*di-twa Maata pashi*" bwa ku sanshika, ku cipa BuLelela ne BuToke bwa Mwoyi ne mu dina edi **Meeta** tunungu tonso twa CiKam.

Mawesha udi Meeyi maKulu, a Ma-Ngala (*M3ᶜ-Ḫrw)*, Meey'a

Nkulu (*M3ʿw-Ḥrw*), a Nkole (**Meeyi** < ⲙⲉⲉⲓ, ⲙⲉⲓ, ⲙⲏⲓ < *M3ʿ.t*). kadi mwine Nkulu, nKole ewu udi Nsese, udi DyAnga, udi nSha, udi Lupepela. Kena pa mwaba udi ciBwAshi.

M3ʿ-Šw "Ntokeshi-Mulelela; Mweshi-MuLelela" anyi *"Maw-a-Shu > Maw-eSha"*. Ewu ngumvwilu wa Cidi Mawesha mwikala, ngumwilu wa Meey-a-CyAnga-cia-DyAnga ne wa mbikidilu wa Maw-a-Bukenka-bwa-Bukenka katwena mwa kumupeta ne mu Nkindi ya bena Yezu, ya bena Allah ne mu Nkindi ya Binkalabwa too.

Nansha muntu mwangate MaweSha bu M3*w-3ḫ,* bu ulwila ku *M3w* (= Maw) +*3ḫ* (=Anga; Aaka; Esha) udi upatula kanungu ka *Maw-a-Esha, Maw-a-Anga,* Maw-a-Aka. CiKama cidi cilesha mbangilu wa mena-manene aa: *DyAnga; Cyanga; Cyonga; Mweka, Kwesh(a,i),* a.n. Mawesha kena MeEshi to udi *Maw-a-Eshi, Ma-wa-Esh* = Kakafuka-, Cimamu-, *Ci-Maw-a-Esha, -a-diEnsa*. Nansha dina diende dia *Ma-nGala,* tuvuluka ne nyunyi wa nKanga, batu bamubikila kabidi ne: diKangala. Dina dia –AnGala didi munda mwa mwaku ewu. Vulukayi dimusenga edi: *Mawesh-a-Nangila* (M3ʿ-*3ḫ-n-3ḫ*). Ngandamwinu mukwabo wa Dina edi udi: "Bukenka-bwa-buKenka-bwa-Bulelela"; "Meey-a-buKenka-bwa-buKenka"; (*M3w-3ḫ-n-3ḫ*) "Maw-a-Bukenka-bwa-Bukenka) pamwe ne "Mu-NgaNga".

Bumuvwa BaKam ne cibidilu cia ku sangisha tunungu twa bungi twa cidiye mwikale kunyima kwa Dina-Diende-DiNene dionso, katulekedi MwIKu, MwEKa, Mwa-uKa ne nanga-nanga MwAnga anyi Mwa Ngala to. Kanungu kandekelu aka kadi kenza MaweSha Nkole-wa-Bena-CiMwangi, Ndeshi-mu-DiMwangala.

Bushuwa mbikidilu ewu *MaweSh, Mawej, MaweZ* udi utangamisha –*Šw*. Twaleji ne *Šw* udi kabidi ne tununu tumwe ne Anga, kadi udi nkonga-tunungu: *1. nSese,. 2. Pepe, 3. bwAshi, 4. nTokeshi, 5. nTaku-muShi, 6.mFuk, 7. nSha ne 8. Suu.*

c) Mwakuwa cikuma: ***wd̲3***

Dy-Unda (*wd̲3*) mmwaku munene mu ciKam. Pamutu pa: „Washala bimpe", bavua bamba: *ʿnḫ-Wd̲3-Śnb* :

1) Mungi-DyUnda--nSambu
2) Anga/Enga-dyUnDa-Somba
3) Noonoka-DyUnda-Sampa
4) Noonoka-DyUnda-Benesh(ibwa)
5) Nanga-(*ʿnḫ*)-DyUnda (*Wd̲3*)-Sampuka (*Śnbk*)
6) Nanga-(*ʿnḫ*)-DyUnda (*Wd̲3*)-lwa-mu-Sumba (*Śnbk*)
7) Nenga-(*ʿnḫ*)-Banda(*Wd̲3*)-Sampuka

Mbadilu 4) udi ulesha ne mu *Nangila* mudi *ʿnḫ* "Mungi, Moyo, Nanga". Mu *Mawesha-a-Nangila* mudi *M3a+Šw/+3ḫ+ʿnḫ*!

Dishinga edi, ndishale mu cikoso mu mashinga aa: *Kolaku! Moyo! Sampuka! Kwata ku munDundu! Kola booboobo! Dyunda-uTanta, uLela baLume, uLela baKashi. Twa Cyanga! KamuLangu*, a.n.

Bangilu wa diTenda ne: ***ind̲ ḥr.k*** , bandamuna ne "Salut à toi", udi uswa kumweneka bu: "*Kalubandi ako*" ne ***Hr.k*** udi bu "*Kola aku*".

5.4. Mudimu wa diLondolola mFundulwilu wa CiKam

Mwena mpata ne ela meeshi ne tudi bafwikakashe Diandamuna ne mFundulwilu wa CiKam bwa akumbanangane ne wa CiLuba. Miaku bu *K3p, T3, wT3, ḫt, 3ḫ* twetu mbadi bayifuke, bumbushe maleeta mashikuke bu A, E, I, U, O, batamba kushala ne maleeta macintamane K, P, B, T, S, Z, SH,

C, a.n. bwa kwenza ciLuba bu mwakulu mukwabo.

Udi kayi umona ne mu diumbusha maleeta-mashikuka ne « kakomi kalela » (dileeta-dishikuka dia ndekelu, ditubo balekela mu ciKanyoka, ciLunda, ciLwalwa, a.n.) mu Kapia, Ciota, Pisha, Ota, Sese, Toka, Zuu anyi eSha, a.n. tudi tupeta ***Kap, Kp, Ct / ḫt, Ps / Psi, T3, Tka, Ss, Šw,*** a.n. nganyi ?

Lukonko elu ludi lulesha diandamuna edi dia Kasongo Nkongolo, mulongi wa lutandala, pamwe ne Kabongo-Kanundowi: « Pikalabio nanku, tudi tumona ne. Mfundulwilu wa Balongi-Bamanyi ba CiKam mu Bukwa-Bilongelu bia Buloba bushima udi mufundulule ciLuba mumbushe maleeta-mashikuka, maleeta-maleshi-ne-makumbashishi mbikidilu wa myaku ».

Mpata eyi idi ikeba dileshsa dia mfundulwilu wa Bileshi-Kapia ne Bukenka bitwafumi kudimona mu cimbambalu eci, bwa kushadika ne Balongi ne bafunduludi ba CiKam batu bafundulule ciLuba anyi ciBa-Ntu kabayi bamanye.

Bushwa mbalonda ciKapita kadi kupwa moyo ne ciKapita mmwakulu wa mu Mpata ya nNyila, ya Ituri, ya Tanganyika, ya LwaLaba ne ya Malawi.

Mbwena kwamba ne : Muntu mwangata Ciamu-cia-Mbadilu-a-mitalu («Computeur»), mwenza Ndeshi-nKebi-a-myaku udi ufundulula ciLuba kaciyi ne maleeta-majikuke, ne apatula 50% ya malanda ne bobumwe pankaci pa ciKam ne ciLuba.

Mudimu wa mutu wa anyi lungenyi lwa MuKebi, ngwa kukeba bilema mu fundulwilu ne mbadilu wa CiKam, bwalu bilema ebi bidi bifikisha pabio ku bipeta bibi.

VI.
DiKoma

Kipacila ka mukanda ewu kakavwa diandamuna dia myaku mitangila Kapia ne Dyanga, Bunkenka anyi DiKenka to. Kavua dilesha bimwe bia ku *Bileshi-Kapia ne ku Bileshi-DyAnga anyi -Bukenka.*

Bu mudi mudimu ewu mwikala cileshelu cya nKebelu wa mena adi bena misoku yetu bapesha lelu bintu bivwa BaKam-ba-Kale basungule bwa kufunda nabyo maleta kapanda ne kansanga, anyi myaku mikwabo mitangile Kapya, diTema, diKenka, Dyanga, katwena batela anyi bangate tuleshi Kapya anyi DyAnga tonso to.

Twimanyi pa TuLeshi etu:

Milongu ibidi eyi idi ilesha nzolelu ibidi mishilangane ya bintu bimwe mu mikanda mishilangane. Kutu nzolelu mwisatu, utudi katuyi batambe kulesha to. Tudi ba mutentula balonda mukanda wa shushukulu Cheikh M'Backé Diop, mwana a bute wa shushukulu Cheikh Anta Diop:

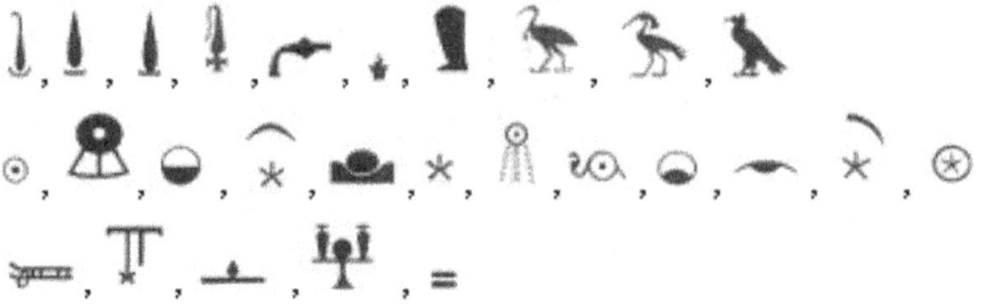

Tuleshi tusatu twa ndekelu etu, katwena bu tudi ne bulanda ne kapya to. Kadi padi muntu ututangila ne lutulu ne ntema, ne amone ne  [85] udi CiTapa ne  [86] udi Cyota anyi Cilambwilu-CiLambila.

Muntu mubale bungi bwa tuleshi pa cyata eci, ne amone ne tudi amu basungule Tuleshi tukese tutwa ku **11**. Tudi batamba kwimanyina pa Kapya.

Mikalu ya mudimu bu ewu itu mikole. Bwalu diTema, Kapya, diToka, diKenka, a.n. mmwanda udi ne bulanda ne BuTuku, ne diFika, ne diLeshi pamwe ne diPole.

Ku tuleshi twa BuTuku, mbimpe kulama mufundu ewu 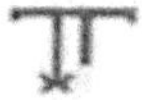, bwalu ke mfundilu wa "KaLunga", utubo bafundulula se: ***Grḥ.***

KaLeshi aka , 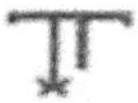 kadi kalesha « cintu cilunga, cikudika ». « KaLunga /Galunga» m-mwaku munene mu

[85] CiTapa, KaTapa = KaTanda ka kumishila naku munyinyi, mushipa anyi cyomba. Kutu kabidi KaTapa ka milambu. Cintu cidi mwa kwangacibwa bu maboku a ditempu bwa kwenza : DiTempu, DiTempa, KaTemp(a,u,o).

[86] Cyota = Ku Cyota, Cyoto, Kyota < ***ḫ3t, ḫ3wt*** = CiLambwilu. Tuvuluka ne kutu cyota cya Cilambwilu ne Kapya ka Cyota.

bisamba bionso bya muLuba. ***Grḥ*** udi mu : *-kuluka, kudika, kulunga, kulonga (=kufwa), kaleshi, nkulu-nkulu (mundankulu)*[87]. Kadi bushitu bwa  (**Grḥ**) budi mu *Cilunga* ne *Kalunga.*

Katupu moyo "kulunga" kwa "kulungula" = "kushila", "shidisha anyi shila", "butuka".

Twetu bimanyine pa Munya ne BuKenka, ke patudi mwa kulondakasha mabulunge onso pamwe ne Tuleshi twa butuku.

Tuleshi etu twa bya mulu, bya pashi ne twa mabulunge tudi mu cyata cya mulongo N mu mukanda wa Mwakulu wa ciKam wa Gardiner, dib. 145:

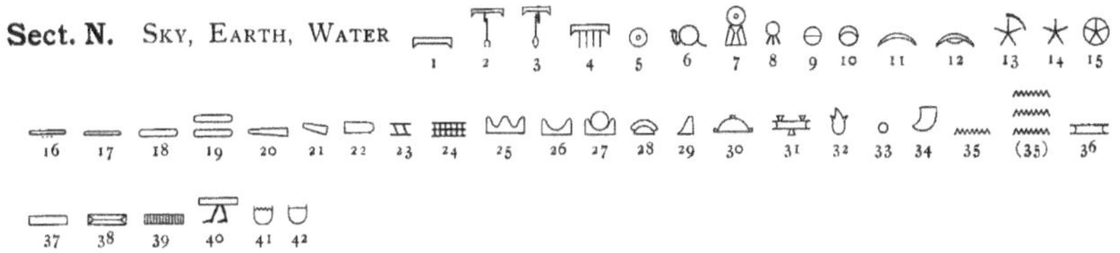

Tuleshi tulonga mu mukanda ewu (§4.1-4.11), ntwangata mu milongu mishilangane ya mwa Gardiner. Tudi benza nanku mulongo mupya-mupya wa Bileshi Kapya-ne-Bukenka.

Nansha biobi ne bulanda, Mulongo wa BiLeshi Kapya-DyAnga-DiKenka kawena mulongu wa MaBuLunge (Gardiner, Sect. N, dib. 545) to.

Mu mulongo **N** tudi basungula N5, 7-8, 11-15; mu mulongu **G**, basungula **G** 25 ne 29; mu mulongu **Q** (dib. 546) twa sungudi **Q** 7.

Myaku mitangila Kapya idi nanganga mu Mulongo **R** (p. 546;

[87] Kaleshi aka kadi kalwa kabidi mu : Munda-Nkulu (=Kudika-Munda) ; mu nyòkoka, nyukuka (< ʿḫḫw), mukuku/mikuku (kkw), nyunyi mukuku.

501-503) mutudi bapeta **R** 5-7 ne mu MuLongu **U**, mudi **U** 28-30 ne 32.

Tuvwa badiela lukonku se: Kapya, Cyota/Kyota, Diku, mmyaku ya bushitu bunene, idi ilesha “Mwaba” wa ditendelela, wa disambakana, wa bobumwe bwa Bafwe ne Bamoyo. Cyota cidi mwaba wa Dipa, wa DiTapa, wa Cilambwilu. Ke kudi Mawesha ne Bankabwa balwa bwa kudya netu miDyoku ne bwa kusanka netu. Ke bwalu kayi MuLuba onso udi mwikale “Mwena-Cyota cya Mawesha”, muTapi wa Kapya ka Mawesha kadiye utapila nako Kapya ka Moyo bwa Bafwe ne Bamoyo. Kadi mundi ciyi mupeta Tuleshi Kapya anyi Tuleshi Cyota cya Mawesha mmunyi?

Ndi mulwe kupeta diandamuna mu dibalulula dia Tuleshi twa mulongu R, mu cyata cya Gardiner, dib. 546:

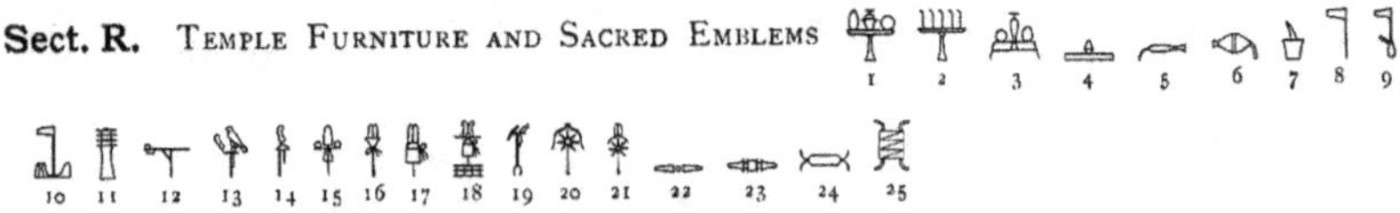

Cyata eci cidi cilesha ne Tuleshi twa Kapya twa bungi - 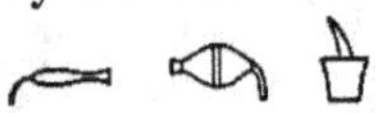 - tudi ku cisumbu cya bintu bya mu Citendelelu, Cilambwilu, bya mu Nzubu ya Mvidi-Mukulu. Mbwena kwamba ne patudi twimba se: “Kapya tema ubande, ubikila banKambwa ne Mawesha balwe tudisangishe”, tudi twambulula Meyi-Makulu mashindika kukadi bidimu bipite pa 6000 ans.

Nansha ngenzelu wa Cyota, wa Diku, wa CiTapa cya Dipa, DiTapa, wa MuLambu, wa MuDjoku mmushadika kudi Tuleshi DiTapa, DiPa anyi Diku anyi Cyota/Kyota twa mulongu awu:

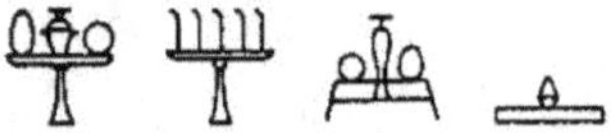

.

Twambi ne twambuludi se: Tuleshi Kapya mu mifundu ya ciKam, ke mMyaku ya Kapya mu Nkonga-Myanda ya CiKam wa Erman ne Grapow to. Kadi twine “Tuleshi” etu ne tulwa ku twambuluisha bwa kusungula myaku, mbadilu ne tunungu mu Nkonga-Myanda.

Mwaku bu 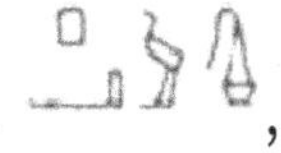, bu kauyi ne kaLeshi aka , tuvua mwa kwikala babala: *Paw (> ci-pawu), ku –Pa (> mu-Pa; di-Pa; ci-Papa); imPa* (> *bw-imPa*) anyi *pwa/pua*. Kadi  udi utudimwisha bwa kushala bimane mu Ditu dia Tunungu twa Kapia, twa diTema ne twa diKenkesha.

Mu Nkongamyaku idibo balonga ne balongesha nayo, kabatu babala TuLeshi-mwanda to. CiLuba cidi cilesha ne, mpimpe kwandamuna *kaLeshi-nshamwanda* bwalu kadi kabidi *kakumbashi mwanda ne kaLeshi mBikidilu*. Tudi mwa kubikila kabidi kaLeshi ne: ***kaLama-dibikila, kaLama-ngAkwilu***.

Twambulula, bwalu mwanda ewu mmwanda munene bwa mfundulwilu wa ciKam mu Afuluka ne mu bikondo bicilwalwa. Mu mikanda idi ilonda Champollion ne ciKapita, *tuLeshi-myanda*, kabatu batufundulula to, batu amu batutangila bwa kwandamuna. CiLuba ncifikishe ku dishandula anyi ditandula se: KaLeshi-mwanda –mu myakulu ya ku mPutu: “déterminatif”, -kadi kabidi KaLeshi-DiBikila, KaLeshi-Dyakula, Kaleshi-Shindu-mwinu pamwe ne Kaleshi-Tunungu.

Mfundilu ewu, mfundilu munene, bwalu udi ulekela mwakudi wa ciLunda, kiRundi, ciBemba, ciLozi, ciKete, ciBindi, ciLwalwa, ciHoloholo, KiYombe, Zulu, Kikongo, a.n., ubala bilondeshele ngakwilu, nshindumwinu wa kwabo. Cileshelu: *Mwendu, Mwinda.* Pashishe Kaleshi-mwanda kadi mwa kutwambila kabidi bwa kumanya mena mashilangane a mwinemwanda ewu. Cileshelu : *Cimonyi/-Muni, Cyenge, Cibwa, CiKeka, luKeka, ciKenzi /ciKeeshi,* a.n.

Katwena batela biLeshi-Kapia-ne-buKenka bionso to, bwalu mbipite bungi. Bintu bu mitoto, miela-ya-mvula, mwanza-nkongolo, ngondo bidi bileshi mwanda ewu. Bimwe bia ku mici, nyama, nyunyi ya dikala diKunze, diToke, diFike, a.n. bidi bileshi mwanda wa Kapia ne buKenka. TuLeshi tukwabo tudi tutamba kwikala ne bulanda ne meba anyi ne bitupa bya dituku, bya ngondu, bya cidimu anyi bya mvula, a.n.

CyAndwidi cia dilonga tuLeshi, ncishilangane ne ciAndwidi cia diAndamuna Nkonga-MyAku. Dilonga kaLeshi-nshamwanda anyi kaLeshi–ntaku-a-mwanda didi difikisha ku dishandula se: Kantu anyi *Cintu* eci ncia kubikila mu ciLuba anyi mu ciBantu, Dina diako/diaci didi mu ciLuba.

Mwaku mufunda mu ciKam udi mwa kubadibwa mishindu mishilangane mu Cyena-Ntu. Mfundilu wa ciKam udi ukonga Cyena-Ntu, ukonga Bantu: “Mfundilu umwe, mbadilu anyi ngakwilu mingi”.

Ke bwalu kayi tuvwa benza mudimu ne nkonku eyi:

1) Cintu eci  mu ciLuba, ncinyi? Mena aci, mmena kayi?

2) Myaku kayi mu ciLuba itu ne maleta XX ne mikala ne bulanda ne Kapya anyi ne buKenka?

Kundekelu eku, tudi pindiewu mwa kudiebesha se:

3) Mbikidilu wa BiLeshi Kapya anyi DiKenka ebi, udi mulamina mu maleta XX, ubadi mu mwakulu kayi?

Bilondeshele bipeta bia mukanda ewu, biLeshi-KaPya anyi diKenka, dyAnga, bidi mu ciLuba ci-sanga. Diandamuna edi kadiena dilwila ku mwaku umwe mwandamuna pa bwao to, didi CyAndwidi cia bipeta bia biLeshi bionso bitwafumi ku dimona.

Mbikidilu wa Cintu cia ngata nkayacio udi upeteka mu Sangu, Lingala, Lega, Mongo, Kinyarwanda, Kirundi, Mpongwe, Basa, Zulu, Makuwa, Tetela, Kuba, Cyokwe, Duwala, Kikuyu, a.n.

Kadi nDeshi-Kapya misanga mu ciKam idi ipeteka yonso ne mbikidilu wayo, ne maleta ayo macintamana ne mashukuka mu ciLuba cia Kongo, Zambi, Malawi, citupa cya Angola, Namibi, Tanzani, Rwanda, Burundi, Uganda, Zimbabwe. Tudi balesha kabidi se: TuLeshi Kapya ne Dyanga tonsu tusanga, tudi nanga-nanga mu ciLuba cya mpata ya Kasayi ne ya bituuka biaku(Cikapa, Luluwa, Lubilashi, Lomami) pamwe ne mu ciLuba/kiLuba cya Katanga ne Tanganyika.

Muntu muswe kutungunuka ne makeba udi mwa kulonda cyata cikwabo eci cidi ne myaku mitangile mabulunge (ngondu / mweshi, mitoto, diba, kalunga, butuku bwa mikuku, ntenga, a.n.):

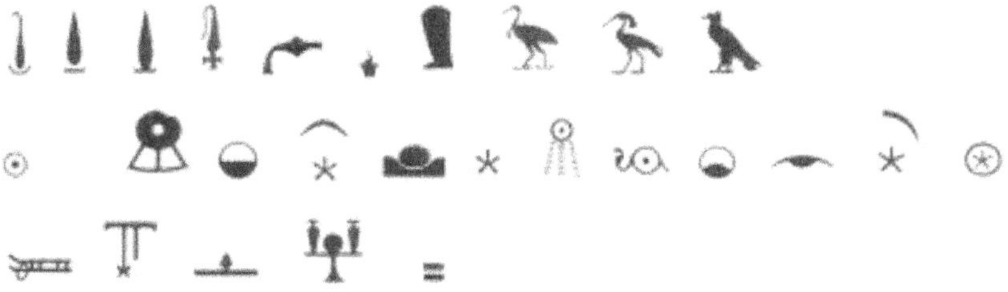

Ndi ndomba mubadi wa mukanda ewu bwa angate dipangadika dya kutungunuka ne dikebao. Akeba mwa kwandamuna pende ku lukonku elu:

Cintu eci –cileshelu , 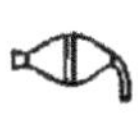, anyi  mu ciKanyoka, mu ciLuntu, mu ciSonge, mu kiRundi, mu ciKete, mu ciKuba, mu ciKongo, mu ciLunda, mu ciTetela, mu Lingala, mu ciSawudi, mu Nsango, mu ciYakoma, mu ciHemba, mu ciBemba, mu mPongwe, mu Duala, a.n. anyi mu musoku wabo, **batu bacibikila munyi?**

Mudimu ewu, balongi ba mu Kasayi yonso ibidi, ba ku Katanga, ba ku Maniema, a.n badi mwa kutungunuka nawo. Batungunuke ne dikeba dya mbikidilu mishilangane ya Tuleshi etu. Bakeba kabidi mfundilu ne nzolelu ya Bena-Lelu ya Tuleshi etu. Muntu mutangile bimpe ne apeta mifundu eyi pa : 1. Mabungu, Nkwasa, Tubadi, Madiba, Bilamba bya kale, BiFulu bya ba mfumu, pa mibidi ya bantu batubikila ne "Nsalu", a.n.

Bena kwetu babungi, batu benda ne Kaleshi aka ⊙ pa mpala, pa cyadi, pa maboko anyi pa muufu. Midimu ya mamu shushukulu Nzuji Madiya wa Nzuji Mukole idi ikonga mifundu kabukabu ya bena kwetu. Kadi pandi nyi ntangila, ndi mona ne mmifundu ya kale, kukadi kupita bidimu binunu ne binunu. Ke bwalu kayi itu mitangalaka Afuluka mushima.

DiTobola dya ciKam mu ciLuba ke mmudimu wa muntu umwe to. Mmudimu wa bantu bonso badi bamanye ciLuba. Katukebi mwa kwanshi kuya kule to, tukeba kusangisha mbikidilu ya mu ciLuba cya Kasayi-Musanga, Katanga-Musanga, Zambi ne Malawi, Angola ne Tanzani, bwa twanshi kumona bipeta bialwa.

Tuleshi Kapya anyi Dyanga, ke **mmyaku** ya kapya ne bukenka to. Mu mukanda walonda, ne ndesha se: myaku yonso idi itangila Kapya mu CiLuba idi mu CiKam-cya-Kale.

MiKanda ya muDimu

ANSELIN, A., *L'oreille et la cuisse. Essais sur l'invention de l'écriture hiéroglyphique égyptienne,* Tynaba, Paris, 1999.

ANSELIN, A., *La cruche et le tilapia – une lecture africaine de l'Égypte nagadéenne,* Tyanaba/Unirag, 1996.

ANSELIN, A., *Samba,* Unirag, 1992.

BILOLO, M., *Di-Shikula dia ciLuba mu ciKam. Cileshelu : "Kapia". Mu* MUTOMBO-MWANA (mul.), *Tuya tooo, Twimana... Nkongamifundu mulubwila Ngandu-Nkashama wa Kalonji, Ngooyamwakulu,* Louvain-la-Neuve, Panubule, 2007, dib. 25-48.

BILOLO, M., *Percées de l'Éthique Écologique en Égypte du –IIIe millénaire* (INADEP-APA. I, 9), Munich-Kinshasa, 2007.

BILOLO, M., *Fondements Thébains de la Philosophie de Plotin l'Égyptien* (INADEP-APA. I, 8), Munich-Kinshasa, 2007.

BILOLO, M., *Meta-Ontologie Égyptienne du -IIIe millénaire. Madwa Meta-Untu : Tum-Nunu ou Sha-Ntu* (INADEP-APA. I, 10), Munich-Kinshasa, 2008.

BILOLO, M., *Zur sw-Semantik in dem Satz: wa jr(jw) sw m hh(w)*. Mu: T. DUQUESNE (éd.), *Hermes Aegyptiacus, Egyptological studies for BH Stricker*, Oxford, 1995, p. 27-42.

BILOLO, M., *„Wa-jr-sw"-Semantik in dem Satz: Wa-jr-sw-m-hh(w). Die Hypothese eines exozentrischen Kompositums und einer festen Permansivverbindung»*, in Discussions in Egyptology (Oxford), 35 (1996), p. 5-17.

DIOP, C.M., OBENGA, T., *ANKH. Revue d'Égyptologie et des Civilisations Africaines – Journal of Egyptology and African Civilizations*, mupatula ku Paris kudi T. Obenga ne C. M'Backe Diop, 1-12 (1992-2006).

ERMAN, E. ne GRAPOW, H., *Wörterbuch der ägyptischen Sprache*, bibungu 5, Leipzig, 1926-1931; 1934-53.

ERMAN, E. ne GRAPOW, H., *Ägyptisches Handwörterbuch*, Berlin, dipatuka 7, 1921.

FAULKNER, R.O., *A Concise Dictionary of Middle Egyptian*, Oxford, 1962.

GARDINER, A., *Egyptian Grammar. Being an Introduction to the Study of Hieroglyphs*, dienzulula 3, dipatuka 12, Oxford, 1988.

HANNIG, R., *Großes Handwörterbuch Ägyptisch-Deutsch* (2800-950 v. Chr.), Mainz, 1995.

KABASELE-LUMBALA, *Ndi Muluba*, Louvain-la-Neuve, Panubula, 2004.

KALAMBA NSAPO, *Kame n'kasankidi nkanu ya bende, anu yende mifulebu,* mu: Mutombo-Mwana (mul.), *Tuya tooo, Twimana ... Nkongamifundu mulubwila Ngandu-Nkashama wa Kalonji, Ngooyamwakulu,* Louvain-la-Neuve, Panubule, 2007.

KALAMBA NSAPO, *Fatigué d'être Africain! Benga DidiPotesha,* Munich-Kinshasa, Publications Universitaires Africaines, 2007.

LAM, A. MOUSSA, *Le Sahara ou la Vallée du Nil. Aperçu sur la problématique du berceau de l'unité culturelle de l'Afrique Noire*, IFAN, 1994.

LEFEBVRE, G., *Grammaire de l'Égyptien Classique,* Dipatuka 2, Kairo (bala : Kelo), 1955.

MUTOMBO-MWANA (mul.), *Tuya tooo, Twimana ... Nkongamifundu mulubwila Ngandu-Nkashama wa Kalonji, Ngooyamwakulu,* Louvain-la-Neuve, Panubule, 2007.

NDIGI, Oum, *Gb/Kb/Gbgb/Kobakoba ou le nom du dieu de la terre et de l'oiseau créateur mythologique chez les Egyptiens et les Basaa du Cameroun,* in Bulletin de la Société d'Égyptologie de Genève, 20 (1996), dib. 20-47.

NDIGI, Oum, *L'expression des cardinaux et des ordinaux en égyptien et en basaa,* in Discussions in Egyptology, 33 (2000 ?), dib. 57-72.

NDIGI, Oum, *Les Basa du cameroun et l'antiquité pharaonique Égypto-Nubienne : recherche historique et linguistique comparative sur leurs rapports culturels à la lumière de l'Égyptologie,* Mudimu wa Lusala lwa Mukanku, Université Lumière/Lyon, 1997.

NDIGI, Oum, *Le Basaa, l'égyptien pharaonique et le copte : premiers jalons révélateurs d'une parenté insoupçonnée*, mu ANKH, 2(1993), dib. 19-27.

NGOM, G., *L'Egyptien et les langues Bantu : le cas du duala*, in Présence Africaine, 149-150 (1990), dib. 214-248.

NGOM, G., *Variantes graphiques hiéroglyphiques et phonétique historique de l'égyptien ancien et des langues négro-africaines modernes*, mu ANKH, 6-7 (1997-1998), dib. 75-89

NZONGOLA, P.R.K., *Dictionnaire des Synonymes Tshiluba*, Lwebo, 1967.

OBENGA, T., *Origine commune de l'Égyptien Ancien, du Copte et des Langues Négro-Africaines modernes. Introduction à la Linguistique Historique Africaine*, Paris, 1993.

PUNGA WA ILUNGA, *Myenji nè mêba mu tshilubà. Mêna àyì nè nsùùlakajilu*, mu Mutombo-Mwana (mul.), *Tuya tooo, Twimana ... Nkongamifundu mulubwila Ngandu-Nkashama wa Kalonji, Ngooyamwakulu,* Louvain-la-Neuve, Panubule, 2007.

CIKEBELU

0. TWASAKIDILA **5**

I. DiPa dia muCima anyi dia nKole **17**

1.1. Mbangilu wanyi wa diLonga Malu-a-BuKam 17
1.2. Mbangilu wanyi wa diLonga CiKame: 1980 18
1.3. CiLeshelu cia MuYuki wa muCima ne Meeshi 20
1.4. Batu ba-tu-Twisha mu miKolo 21
1.5. Bitu bi-tu-Twisha mu miKolo 22
1.6. Mishindu ya maLeta mu ciLuba 24

II. Dialula dia Ci-Kame mu Ci-Luba **29**

2.1. Ci-/Di-Ebesha (< wšb) anyi Disu (<šdw)-diEbesha 29
2.2. Fundulwilu wa ciKam udi ulonda ciBantu-Luba 30
2.3. Bukole bwa nDeeshi-a-Musesu wa nKebelu ewu 33
2.4. CiLuba nKonga Miakulu ya Ba-Ntu; nKonga-ci-Ba-Ntu 35
2.5. Bileshelu bikwabo: Mishi ya Myaku ya nSha-Mwanda 36
2.6. DiTandula dia buShitu bwa ci-/bi-/ka-Leshi 37

III. CiKam mu nDongeshelu wa Makela-Mafiofi **41**

3.1. DiKoba dya Bena-Kam anyi Ba-Kame 41
3.2. CiKam mmwakulu wa Ben-a-diShima (Shemite) 44
3.3 . Cietu ciPeta: ciKam = ciBantu-Luba 48
3.4. DiLekela dia diShintuluka dia maLeta 50
3.5. Fundilu wa ciKam = ciLuba-ciKulu: 52
3.6. Bileshelu bia Fundilu wa ciKam = ciLuba-ciKulu 53
3.7. Maleta a CiKam ne mFundulwilu wawo 55
3.8. Biata bia maLeta a MiLowu/Malawi (Merowe) 59
3.9. Bileshelu bia ciKapita mu ciLuba 62
3.10.Mfundilu wa ciLuba mu ciKam - Cil.: Ngandu 65
3.11. Bushitu bwa KaPia mu makeba etu 67

3.12. Cipeta cindila 67

IV. CyAta cia BiLeshi “Kapia ne BuKenka” 69

4.1. KaLeshi , - Bala: *K3p, Kp* 70

4.2. KaLeshi: -Bala: *D3; wd3* 75

4.3. KaLeshi : -Bala: *T3, Ḫt* 79

4.4. KaLeshi: -Bala: *Sntr, B3* 81

4.5. Kaleshi: -Bala: *ḫt, sdt, rkḥ, t3, psi, 3bw, srf, nsr(sr), nśr* 83

4.6. KaLeshi: , -Bala: *3ḫ* 87

4.7. KaLeshi: -Bala : *B3* 90

4.8. KaLeshi: , -Bala: *wbn, 3ḫw, šw* 94

4.9. KaLeshi: -Bala: *R3, hrw, śś(w), itn* 96

4.10. KaLeshi: –Bala: *iʿḥ, wʿḥ, 3bd, 3bdw* 98

4.11. KaLeshi: -Bala: *sb3<śb3, dw3, dwat* 100

V. BiLeshelu bia minga nShila ya nKebelu 105

5.1. Cileshelu cia Nshila mulonda mu mukanda wa londa 105

5.2. Cileshelu cia nShila 3: buShitu bwa , *Šw* mu ciLuba 107

5.3. DiKeba Myaku minene 112

5.4. Mudimu wa diLondolola mFundulwilu wa CiKam 129

VI. DiKoma 131

MIKANDA YA MUDIMU 139

CIKEBELU 143

www.ingramcontent.com/pod-product-compliance
Lightning Source LLC
Chambersburg PA
CBHW071832230426
43672CB00013B/2825
* 9 7 8 3 9 3 1 1 6 9 0 4 6 *